JN409974

고정현 단상집

문득 153

고정현 단상집

문득 153

초판인쇄 2023년 5월 10일

초판발행 2023년 5월 15일

지은이_ 고정현

발행인_ 이현자

발행처_ 도서출판 현자

등　록_ 제 2-1884호 (1994.12.26)

주　소_ (우)04550 서울시 중구 수표로 50-1(을지로3가, 4층)

전　화_ (02) 2278-4239

팩　스_ (02) 2278-4286

E-mail_001hyunja@hanmail.net

값 15,000원

ISBN 978-89-94820-86-6　03810

고정현 단상집

문득 153

도서출판 현자

낙동강

고정현

물처럼
내 삶을 흘려보내면
강이 될 수 있을까

깊음과 얕음에 매이지 않으며
높음과 낮음에 휘둘리지 않고
굴곡에 상처 입지 않는
강처럼 될 수 있을까

뭍이 건네주는
온갖 쓰레기를 받으면서도
덤덤한 흐름을 유시하는
저 물을 닮아 갈 수 있을까

비록 낙동강 같지 못할지라도
나는 물이 되고 싶다

차례

받침두리 같은 사람이기를 소원하며

언제부터인가, 아니 시인이 된 후 생활의 현장에서 무심코 듣는 말 중에 기억나는 짧은 낱말들을 깊이 묵상하면서 깨달아지는 범위가 어디까지인지 살펴보았습니다. 그 낱말을 시어로 차용할 때에 어떤 의미를 함축하는 것인지를 필자 나름의 방식으로 생각하며 확인하고 배우는데 많은 노력을 했습니다. 그리고 깨달은 글들을 문서함에 저장하면서 기회가 되면 이 내용들을 독자들께 전해 드려야겠다는 생각을 했습니다. 물론 필자보다 좋은 말과 글을 더 많이 생각하고 살피는 분들이 계시지만, 그렇더라도 필자가 깨달은 것을 나누는 것이 독자들께 도움이 될 것이라고 판단했기 때문입니다.

짧지 않은 인생을 살아오면서 여러 모임에서 여러 직책을 맡아 봉사했지만 그때마다 깨달은 것은 '나는 머리가 아니라 지체', 곧 지도자가 아닌 조언자, 조력자, 협력자의 위치가 잘 어울린다는 것입니다. 내 위치가 받침두리 역할이라고 표현하고 싶습니다. 받침두리라는 말의 의미가 균형 잡히지 않는 것을 받쳐주어 균형이 잡히도록 하는 것이므로, 그 같은 존재가 되고 싶은 욕심 때문입니다. 그래서 늘 조심하는 것이 지금 내가 하는 것이 '간섭인가? 협조인가?' '가르침인가? 조언인가?' '지도인가? 의견개진인가?' 하는 부분이었습니다.

이렇게 단상을 모아 여러분들께 내어 놓는 것은 내가 알고 있으며 생각하는 것들을 나누어 드림으로 누구에겐가 도움이 되었으면 하는 바람 때문입니다.

하나의 낱말을 또 다른 의미로 확장해 보는 것, 낱말의 결론을 긍정적인 방향으로 이끌고, 그렇게 깨닫는 것을 삶에 적용하는 것, 이런 삶의 방식은 비단 글을 쓰는 이에게만 적용되는 것이 아니라고 봅니다. 책 제목 '단상'에 숫자 153이라고 정한 것은 기독교에서 큰 의미를 주는 숫자, 곧 실패와 좌절과 절망이 성공과 용기와 희망으로 전환되는 숫자이기 때문입니다. 따라서 그 내용도 153편으로 구성하였습니다. 그리고 소개되는 글들은 특별한 순서로 배열하지 않았습니다. 물론 가능한 연계되는 단어들을 부분별로 모아서 소개하지만, 각 낱말들이 주는 의미는 그 낱말에서 깨달은 것이기 때문입니다.

늘 함께하는 가족과 지인들 그리고 출판에 도움을 주시는 분들께 감사의 인사를 드립니다. 또한 필자가 조치원으로 이사하여 출석하는 교회를 담임하시느라 여러 일로 분주하심에도 이 글의 서문을 담아주신 조치원장로교회 진영선 목사님께 감사를 드립니다.

2023년 봄 조치원역을 바라보며

*받침두리(한국어 사전) : 양복장 따위의 밑에 받침처럼 괴는 것.
*흔히 '쪽대' 또는 '쫄대'라는 일상어로 사용되는 말이지만 사전에 없는 말입니다.

울림을 전해주는 153개의 단상斷想

진영선 목사
(조치원장로교회 담임)

서문

울림을 전해주는 153개의 단상斷想

진영선 목사
(조치원장로교회 담임)

‘말’을 잘하는 사람이 있고, ‘잘’ 말하는 사람이 있습니다. 아무리 '말'을 청산유수처럼 잘해도, '잘' 말하지 못하면 의미가 없습니다. 말만 잘하면 사기꾼이 되기 쉽지만, 잘 말하는 사람은 인정받고 존경받습니다.

그런데 요즘 주변을 보면, 말을 잘하는 사람은 많은데 말이 너무 거칠고, 무례합니다. 말 속에 상대에 대한 존중과 겸손함이 전혀 묻어있지 않습니다.

언어는 생각을 전달하는 수단만이 아니라, 말하는 사람의 인격이나 마음을 드러내는 도구가 되기도 합니다. 그래서 마음에 미움과 분노와 불만이 있으면 자연히 언어도 거칠고 공격적이 되고, 마음에 사랑과 기쁨과 감사가 있으면 말도 부드럽고 친절하게 나옵니다.

무엇보다 언어에는 우리가 생각하는 것보다 훨씬 더 강력한 힘이 있습니다. 말 한마디로 힘을 얻고 위로를 받기도 하지만, 지나가며 툭 던진 한마디 말에 상처받고, 낙심과 절망에 빠지기도 합니다. 심지어 말 한마디에 목숨을 끊기도 합니다. 그런 점에서 말 한마디에 대한 지혜를 얻기 위해 부단히 노력해야 합니다.

아름다운 단어와 낱말들을 기가 막히게 글로 표현해내는 고정현 작가는 이미 다수의 시집을 낸 중견 시인이자, 소설가이기도 하고, 작사가이기도 합니다.

저자와는 2019년 12월, 필자가 섬기는 교회에 새신자로 등록하면서 처음 만났고, 가정을 방문하여 함께 예배드리면서 그가 시인인 것을 알았습니다.

사실 필자에게 있어서 '시'는 참 어렵습니다. 글을 읽고 그 의미를 해석한 뒤 명확한 결론을 도출하고, 쉽게 전달해야 하는 목회자의 입장에서 시는 명쾌한 해석을 내리기 어렵기 때문입니다. 그래서 시인들에 대한 일종의 두려움을 가지고 있었습니다.

그런데 저자는 저 깊은 곳에서 우러나오는 진심과 신앙을 담아 한 글자, 한 글자 매우 세심하고 겸손하게, 때로는 시인의 감정을 숨김없이 그대로 드러내기도 하면서 마음 깊이 와 닿는 울림을 전해주는 시를 들려줍니다.

그러던 차에 이번에 평소의 생각과 언어들을 깊이 묵상하며 기록한 짧은 글들을 모아 단상집을 낸다고 하니 필자에겐 더 없이 반가운 소식이 아닐 수 없습니다.

무엇보다 눈에 띄는 것은 책의 제목이 《단상153》입니다. 저자도 밝힌 바와 같이 그리스도인들에게 있어서 '153'은 특별한 의미를 지닌 숫자입니다.

예수 그리스도께서 고난 당하시던 날 밤, 세 번씩이나 그를 모른다 부인하고 도망쳐 갈릴리 바다로 돌아와 그물을 던지던 베드로에게 부활하신 주님이 찾아오셔서 "그물을 배 오른편에 던지라"하셨을 때 잡은 물고기가 153마리였습니다. '153'은 실패의 상처와 아픔을 경험한 모든 자에게 위로와 회복의 상징 숫자입니다.

또한, 책의 내용 가운데 〈꼴 값〉과 〈이름 값〉을 통해 저자는 독자 자신의 모습이나 이름에 걸맞은 삶을 살고 있는지 돌아보게 만듭니다.

그러고 보니 직장에서도 그렇고, 공장에서도 그렇고, 건물을 짓거나, 물건을 만드는 사람들도 그렇고, 모두가 자신의 이름을 걸고 하면 열심히 하고 잘하는데, 그렇지 않을 때는 불성실한 태도로 임하는 것을 보게 됩니다. 필자 역시 하나님의 이름을 달고 사는 사람인데 적어도 이름 값은 하며 살아야겠다는 생각이 듭니다.

이 책에 담긴 153개의 단상斷想들을 통해 오늘을 바쁘게 살아야 하는 사람들이 상상할 수 없는 깊은 생각과, 매사에 타산이 앞서는 우리라면 아무렇지 않게 지나쳤을 그런 일들, 그래서 더욱 아름답고 소중한 작은 이야기들이, 저자의 예리한 눈과 따뜻한 가슴에 여과되어 절로 고개를 끄덕이게 하면서 읽는 이들에게 감동을 주리라 확신합니다.

부디 독자들의 일상에 '153'의 기적이 일어나기를…….

단상^{斷想} 모음

문득 153

1. 감초

감초란 한방에서 약의 작용을 부드럽게 하기 위해 사용하는 식물을 일컫습니다. 흔히 "약방의 감초"라는 표현으로 긍정적인 면에 사용하는 말입니다. 한방에서 감초는 음식의 조미료와 유사합니다. 감초가 한약에서 빠질 수 없는 약초라면, 조미료는 그 음식의 맛을 내는데 없어서는 안 될 재료이기 때문입니다.

사람들의 모임에도 그런 존재가 있습니다. 그가 약방의 감초와, 음식의 조미료 같은 역할을 해주므로 그가 없어도 무엇을 하기에 불편은 없으나 그가 있음으로 무엇을 하는데 더 좋은 결과를 만들어 내는 그런 사람입니다. 그런 사람의 자세를 보면 언제나 긍정적이며 적극적일 뿐 아니라 또한 자신의 위치를 알아서 스스로 관리하는 사람이기도 하기에 많은 사람들이 그를 인정하고 가까이 하고자 하는 것은 당연한 일이기도 합니다.

받침두리, 필자의 인사 글에 소개한 것처럼, 그런 감초 같고 조미료 같은 존재의 삶을 소원하며 살아가는 필자와 독자들이 되었으면 하는 소망을 이곳에 담아 봅니다.

2. 삶과 살이

'삶'이란 사람이 살아있는 근본, 즉 '생명의 보존을 위한 최선의 방식인 호흡과 음식을 섭취하는 것'이라면, 살이라는 말은 그 근본인 '삶'을 어떤 모양과 어떤 방식으로 '살아가는가?' 하는 것을 말하는 것입니다. 그러기에 '무엇을, 어떤 방법으로, 왜?' 하는 것은 매우 중요합니다.

살아 있는 것과 살고 있는 것, 살아가는 것과 살아 내는 것의 의미는 결코 같을 수 없다는 것을 생각하면서, 살아 있기에 살아가기도 하지만 살고 있기에 어렵고 힘든 상황에서도 기어코 살아 내야 하는 것이 '살이'인 것입니다.

오늘도 우리 주변에는 살아 있기에 살고 있는 존재와 살아가기 위해 살아내는 존재(80대로 보이는 노부부가 오전부터 밤 10시 넘는 시간까지 비와 눈을 가리지 않고 폐지 수집을 하시는 모습을 보고)가 있음을 생각해봅니다. 문득 '살아 내다.'를 생각하다가 '전쟁·전투'라는 단어가 떠오르는 시간입니다.

3. 생명

'살다.'란 생명의 보존, 유지, 활동을 말합니다. 그러므로 생명을 건강하며 깨끗하고 아름답게 그리고 행복을 누리는 것은 생명의 존재 가치를 높이는 수단입니다.

生(생), 태어났으므로 살아야 하는 존재이기에 잊지 말아야 할 것은 바로 命(명)입니다. 명은 명령을 의미하는 것입니다. 생명이란 창조주께서 주신 선물로서 '생'은 '살이'라는 방식을 따라야 하며 우리가 지키고 감당해야 할 주어진 '명'이라는 사실입니다. 따라서 우리에게 자살이나 살인이라고 하는 죽음에 관한 권리는 없습니다. 그 권리는 오직 생명을 허락한 창조주께만 있는 고유 권한이기 때문입니다. 그러므로 우리는 오직 주어진 '살이'를 성실하게 실행하면 되는 것입니다.

*어떤 사람이 살아야 할 이유를 찾지 못해 전철에 뛰어들려다가 몸이 먼저 뒤로 물러서는 것을 체험하면서 '죽기 전에 다시 한 번 더 해보자'라는 결심을 했답니다.

바로 생존본능이 표출된 것입니다. 그러므로 '죽을 결심으로 산다면 견디지 못할 어려움은 없다'고 봅니다.

4. 본능 1 -생존본능

모든 생명은 그 존재를 위한 본능을 소유하고 있는데, 그 중 제일 되는 것이 생존본능입니다. 살아있는 동안 살아가야 하며, 살아있는 동안 살아 내야 하는 것, 살아있기 때문에 더 살아야 한다는 욕구는 전수받은 기술이 아닙니다.

사람이 태어났음으로 살아가야 할 세상이기에 더 좋은 것으로 누리기 위해 다양한 방식으로 자신의 삶을 알차게 꾸미고, 또 더 많은 것을 소유하려는 욕구를 충족하기 위한 노력을 아끼지 않는 것입니다. 즉 욕구란 생존을 더 가치 있게 하기 위해서 의식 또는 무의식적으로 드러내는 성취욕이니 곧 식욕, 탐욕, 소유욕, 명예욕 같은 것들입니다. 그것을 소유하기 위해 권력, 금력, 실력, 체력, 인력 같은 힘을 갖는 것입니다.

살아있기에 살아가고, 살아가는 동안 자신에게 유리한 조건들을 갖추려고 애를 쓰는 것은 모든 생명의 본능인데, 문제는 생존을 위한 것보다 욕구 충족을 위해 정당하지 못한 방식으로 조건들을 축적하는 이들 때문에 사회가 밝지 못한 일들이 있다는 것입니다.

5. 본능 2 -종족본능

모든 생명에게 주어진 본능 중 또 하나는 그 생명을 잇기 위한 종족본능입니다. 곧 내 생명이 후손의 생명을 통해 이어 가도록 하기 위한 행위로서 혼인이라는 과정을 통해 이루는 본능입니다.

더불어 나를 잇는 후손이 다른 생명보다 더 좋은 환경과 조건 속에 살 수 있게 하려는 소망은 소득 증대를 위한 노력을 하게 하고, 좋은 배우자를 만나게 하기 위해 상대의 가문과 학력과 인품과 자세를 살펴서 어울리는 짝을 찾아 맺어주는 것입니다. 그러므로 부부라는 인연을 보면 그런 과정을 통해 맺어지는 관계가 적지 않음을 볼 수 있습니다. 물론 짚신도 짝이 있다는 말에 긍정하면서…….

시대가 변하는 것처럼 현대의 결혼관이 많이 달라지고 있지만, 그럼에도 변하지 않는 종족본능은 자신보다 더 좋은 후손을 얻기 위한 조건을 만들고 찾는 방법으로 계속 될 것입니다. 어쩔 수 없는 상황의 결혼이거나, '눈에 콩깍지가 끼었다.' 라는 일이 아니라면 그렇습니다. 착각의 결과는 아니기를 바라면서…….

6. 본능 3 -성적본능

본능에 대한 글을 쓰면서 이런 생각을 했습니다. 모든 동식물들은 오직 종족 보존과 확장을 위해 성적관계를 사용하는데 반하여 사람은 그렇지 않다는 것입니다. 물론 이 부분은 필자의 가벼운 판단일 수도 있습니다.

남녀가 성장하여 성인이 되고 서로 사랑의 행위를 통해 자녀를 낳고 가정을 이루며 번성해 왔습니다. 성적본능의 지극히 당연한 모습이 있는가 하면, 반면에 불륜이나 추행, 폭행, 매매라는 불의한 방법을 이용하고 그런 사실들이 사회적 문제가 되곤 합니다. 심지어 사회가 발전할수록 이와 같은 사건들이 다양하게 나타나는 것은 오늘의 사회가 이성에 관한 문제에 대하여 그만큼 관대해진 것이 아닌가 하는 생각도 하게 됩니다.

청소년기에 시작된 이성에 대한 관심은 노년이 되면 '늙기 전에 조금 더'라는 욕심으로 나타납니다. 성적본능은 사람이 존재하는 동안 사라지지 않습니다. 사랑의 결실인 생명을 해산하는 고통을 감수하면서. 성경에 처음 인간이 범한 죄의 징벌로 받는 고통임을 기록하고 있습니다. 신께서 선물로 주신 본능을 옳지 않게 사용하는 사람들의 행위는 제거되어야 할 것임이 분명합니다.

7. 본능 4 -신앙본능

어느 강의에서 "철학은 신을 찾아가는 학문"이라고 들었습니다. 그러나 굳이 철학을 논하지 않더라도 사람에게 무의식적으로 드러나는 것이 있는데, 그 중 하나가 신앙적 본능입니다. 갑작스런 일을 당했을 때 저절로 나오는 외침이나 '내 주먹을 믿으라.'는 말의 내면에 신앙 본능이 있다는 것입니다.

'믿음' 무엇에 대한 신뢰이든 그 바탕에는 신앙이라는 본질적인 것, 곧 인간 내면에 있는 본능입니다. 그러기에 모든 종족과 사회와 국가의 권력이나 어떤 목적을 추구하는 단체는 특정 종교 또는 그와 같은 조건을 갖춘 주술적인 방식의 종교성으로 구성원을 일체화하기도 하니, 대다수의 나라에 개국설화가 있는 것도 이런 이유 때문일 것입니다.

지금 내가 무엇을 신뢰한다면 그것이 육적인 것이든, 영적인 것이든 자신에게는 신앙적 가치가 되는 것입니다. 혹, 종교는 없어도 그 무엇을 신뢰하는 대상은 있기 마련입니다. 사람에게 있어서 신앙(신뢰)의 대상이 무엇이며, 어떤 존재인가 하는 것은 중요한 생존의 근거가 되고 삶의 방향과 방법을 제시하고 주장하는 요소가 될 것입니다.

8. 본능 5 -회기본능

'언젠가 돌아간다.' 사람에게 있는 또 하나의 본능입니다. 그래서 노인들이 '나도 갈 때가 되었다'라는 말로 생존의 끝맺음이 있음을 말하고 있는 것입니다. 많은 이들이 인생을 '길'에 견주어 말합니다. 즉 길을 걷는 것이 인생이라는 말인데 길을 떠나는 사람을 크게 두 종류로 구별할 수 있으니, 그 하나가 여행의 길이며 다른 하나는 나그네의 길입니다. 그러나 이 두 종류의 길은 분명히 구별되는 길입니다.

곧 여행은 자신이 원하는 계획의 실행이며 삶을 더 풍요롭게 하고자 하는 것인데 비해 나그네는 목적 없이 길을 가는 동안 그 과정과 방식도 불확실하다는 것이니, 인생을 나그네라 하는 것은 그 때문입니다.

예측 불가능하지만 미래를 꿈꾸고, 살아가는 동안 사람답게 살면서, 무엇을 하고 이루려는 자세의 내면에는 세상의 행함이 다음 생의 기초가 된다는 기대가 작용하고 있기 때문입니다. 흙에서 흙으로, 빈손에서 빈손으로 돌아가며 그 끝은 결국 자신의 무덤 한 평 뿐인 곳, 이것이 세상의 삶이지만 더불어 이상향을 꿈꾸며, 언젠가 가야 할 곳에서의 또 다른 삶을 그리며 살아가는 존재가 바로 사람인 것입니다.

9. 본능 6 -무리본능

사람의 본능 중 또 하나는 무리본능입니다. '끼리끼리'라는 말과 '우리'라는 말도 같은 의미이며 사회적 동물이라는 말도 그렇고, '독불장군 없다'는 말도 같은 의미일 것입니다. 어떤 이들은 '人'이라는 한자어를 해석하면서 서로 의지하는 존재가 사람이라고도 합니다.

역사적으로도 가족의 증가로 씨족사회를 이루고, 씨족사회 확장으로 부족사회가 되며 부족사회의 확장이 민족사회(국가)가 되었다는 것은 모두가 알고 있는 사실입니다. 물론 이런 무리본능이 잘못 이용되어 사회와 국가의 문제가 되기도 합니다.

그러나 이런 본능이 있음으로 사회가 어떤 공적인 규칙을 세우고 그 규칙을 모두가 지킴으로 안정과 발전이 있는 것이므로 자신이 속해 있는 모임, 단체, 종교 등을 긍정적인 무리들의 모임으로 다듬어 가는 노력이 필요합니다.

더불어 외롭다, 고독하다며 슬퍼하는 것 역시 사람은 홀로 존재할 수 없다는 것을 인정하는 것이므로 지금 관계하고 있는 이들과의 건전한 교제를 알차게 함으로써 서로에게 유익한 사람이 되었으면 합니다.

10. 본능 7 -가해본능

가해본능에 관한 글을 쓸 것인가? 고민을 했습니다. 그 이유는 앞에 열거한 본능은 어느 정도 학술적 정리가 되었지만 가해본능이라는 학설은 개인적으로 아직 들어본 적이 없기 때문입니다.

따라서 사람에게 가해본능이 있는가? 이 문제는 필자의 개인적인 생각일 뿐 학술적으로 확정된 것은 아닙니다. 그러나 모든 종교는 구원시상의 근거로 '사람은 악한 존재'임을 제시합니다. 따라서 악에서 구원받아야 할 존재로서 구원자 또는 구원받을 조건이 필요하다. 이렇게 정의된 것을 볼 때, 가해본능이 있음을 전제하고 구원의 길을 제시했다고 봅니다.

주변에서 누군가 실수로 부적절한 일을 저질러 관심을 끌게 되면 그것을 보는 사람들의 첫 반응은 '아이고! 저걸 어째'이지만 잠시 후 그 속에서 느끼는 반응 중에는 '시원하다!' '재미있다.' '웃긴다.'와 같은 반응도 있다는 것입니다. 어느 방송에서 이런 뉴스를 들었습니다. "00에서 심심찮게 사고 소식이," 사고가 심심하지 않게 하는 소식인지요? 따라서 사람에게 상대를 가해하고자 하는 본능도 있음을 엿보게 됩니다. 어쩌면 경쟁사회의 생존 방법이기도 하겠지만 그렇다는 것입니다.

11. 삶의 근육

지금은 나이 때문인지 그다지 마음 쓰지 않게 되었지만 청년 시절에 욕탕에서 근육질의 몸을 보게 되면 부러워하곤 했었습니다. 어쩌면 그것은 부러움에 앞서 내 부족함에 대한 자책인 것인데, 내가 편하게 누워 쉬고 있을 때 그는 근육을 다듬기 위한 노력을 했기 때문입니다.

'감이 좋다.'라거나 '눈썰미가 있다.' '순발력이 좋다.'라는 말이 있는데 이를 다른 말로 "삶의 근육"이라 하고 싶습니다. 수없이 반복해야 얻을 수 있는 순간적 대처 능력인 삶의 근육입니다. 넘어질 순간에 몸의 균형을 잡는 것이나 어떤 물질이 내 몸에 부딪치려 할 때 몸이 반응하는 자세 같은 것입니다.

운전 중 앞 차나 옆 차의 움직임에 어떻게 반응하는가에 대한 것은, 논리보다 먼저 운전 습관에 의해 발달된 운전 근육의 대처입니다. 부인들이 주방에서 눈대중, 손대중으로 음식의 간을 맞추는 것도 그 상황에 따라 무의식적으로 작용하는 근육의 일인 것입니다. 따라서 몸의 근육 발달이 신체를 건강하게 유지하도록 하는 것처럼 삶의 근육(생활 습관)이 발달하면 그만큼 삶의 방식이 여유롭게 될 것입니다.

12. 꼴값

'꼴값을 떤다.'는 말이 있습니다. 상대를 얕보거나 비아냥거릴 때 비속어처럼 쓰는 말이지만 실상은 옳은 말입니다. 이 말을 다른 말로 '~답다.'라고 할 수 있을 것입니다. '답다.'의 의미가 '그것의 성질을 지니고 있다.'라는 말이니 같은 의미라 해도 무방할 것입니다.

꼴이란 생긴 모양을 이르는 말이며, 값은 그것이 주는 가치를 이르는 말이니 즉 생긴 것에 어울리는 가치가 있다는 말입니다. 옳은 말이 때로는 옳지 않은 곳에 사용되는 경우가 바로 이런 경우일 것입니다.

꼴값, 문득 나의 가치는 어느 정도인가?를 생각해 보면서, 자신의 가치를 세우기 위해서 그 가치를 인정받을 수 있는 존재로 다듬는 노력이 필요할 것입니다. 생긴 대로 산다는 말도 있지만 생긴 것을 더 잘 다듬어서 정당하고 당당하며 성실함으로 가치를 세운다면 얼마나 좋을까요. 그래서 듣기 좋으라고 하는 입술의 칭찬보다 진정에서 우러나오는 그런 가치에 대한 칭찬을 들을 수 있다면 정말 좋겠습니다.

*필자의 두 번째 시집 제목이 《꼴값》입니다.

13. 이름 값

모든 물건에는 그 가격이 있습니다. 싼 것도 있고 비싼 것도 있습니다. 비싼 만큼 좋다는 기본적 인식이 있지만 싼 것 중에도 좋은 것은 있게 마련입니다. 옛 말에 '싼 것이 비지떡'이라는 말이 있지만 이 시대는 꼭 그렇지만은 않습니다.

그런데 어른들의 말씀 중에 '그 사람 이름값도 못해'라는 말이 있습니다. 여기서 '이름값'이란 그의 이름이라기보다 그의 직위나 직업 등 '그의 생활에 어울리는 행동'을 말하는 것입니다. 저는 시인입니다. 그러므로 시인의 가치를 지니고 있어야 합니다.

다른 이들이 나를 기억하는 것은 1. 이름(직업, 직위) 2. 생김새(외형) 3. 행함(언어, 표정 등)인데, 이것은 순서나 시차를 구별하는 것이 아닙니다. 그러므로 그가 나를 판단하는 것은 나의 행함이 보여준 결과입니다. 그 회사를 기억하는 것도 그 제품의 가치 때문입니다.

*처음 등단 후 스승께서 주신 아호를 사용했습니다. 그러나 지금은 아호를 사용하지 않고 오직 이름값이라도 하려는 노력만 할 뿐입니다.

14. 天職천직

사람은 누구나 직업이 있습니다. 설령 백수라도 하는 일은 있고 누구나 어디엔가 소속되어 있습니다. 天職천직이라는 말은 자신의 직업이 하늘의 뜻에 맞는 직업이라는 것을 뜻합니다. 그렇다면 무엇이 천직일까를 생각해 보면서 생각난 말이 '끼'라는 말입니다. 이 '끼'라는 말은 타고난 성향이나 소질을 속되게 이르는 말이니 이 '끼'에 맞는 직업이 천직이라 할 것입니다.

속된 말로 어떤 이는 '팔자가 드세다.'는 말을 하는데 그 말은 자신의 직업과 삶의 환경이 바라는 바가 아님을 뜻하는 말이며 '팔자가 좋다'는 말은 그가 하는 모든 일이 그에게 잘 어울리고 그 일로 말미암아 그가 즐겁고 행복하다는 의미인데 팔자를 좋게 하는 것은 스스로의 자세로부터입니다.

그러므로 자신이 지금 하는 일에 긍지와 자부심이 있어야 하며, 그런 긍지와 자부심이 자신의 직업에 대한 애착의 뿌리가 되어 주어야 합니다. '직업에 귀천이 없다'는 말은 누구에게나 적용되는 말임을 기억할 필요가 있습니다.

15. 세 종류의 사람

사람을 판단하는 방법은 여러 가지입니다. 가문, 학력, 재능, 재산, 인물, 직업 등으로 구별하며 때로는 부모와 자식을 앞세워 구별하기도 합니다.

그럼에도 어디에나 적용되는 판단 기준이 세 가지 있습니다.

첫째, 차라리 없으면 좋을 사람과 둘째, 있어도 그만 없어도 그만인 사람과 셋째, 꼭 있어야 할 사람이라는 것입니다.

모든 관계가 이런 방식에 의해 어떤 이는 무시와 따돌림을 받고, 어떤 이는 적당한 악수와 인사는 나누면서도 그의 의견은 존중받지 못하고, 어떤 이는 모든 일을 함께 의논하고 협력하는 관계가 되는 것입니다.

따라서 자신이 지금 관계하고 있는 직장이나 모임에서 자신이 얼마나 필요한 존재로 인식되어 있는가? 하는 것은 중요합니다. 사회를 벗어나지 않는 한, 자신이 살아가는 동안 관계하는 모든 곳에서 그 세 종류의 사람을 구분하기 때문에 스스로 그런 존재가 되기 위한 노력을 게을리하지 말아야 할 것입니다.

16. 세 종류의 사람 2

사람들의 생활은 자신의 성격, 취미, 직업, 식성, 요구 등에 따라 비슷하면서도 다른 삶의 방식으로 살아갑니다. 그러나 사람들이 사는 원리는 다르지 않습니다. 따라서 그 원리에 의해 다음과 같이 구분할 수 있을 것입니다.

첫째로, 살아 버리는 사람입니다. 그는 아무 의식 없이 불평과 원망으로 삶을 유지하며 그럴 수밖에 없는 원인을 외부에서 찾고 자신은 그런 원인에 의해 피해를 받고 있는 존재라는 생각으로 사는 사람입니다.

둘째로, 살아 있는 사람입니다. 그는 계획도, 꿈도 없이 흥청망청, 대충대충, 살아있으니 살아가기 위해 주어진 여건을 이용해서 그날의 기분에 따라 그날을 즐겁게 사는 것으로 만족하는 사람입니다.

셋째로, 살아 나가는 사람입니다. 내가 누구이며 왜 현재의 시간에 이곳에 존재하며 그에 따라 무엇을 할 것인가?를 생각하여 그에 따른 목적을 세우고 내일을 바라보며 사는 사람입니다.

그렇다면 지금의 나는? 내 생활방식은? 살펴볼 필요가 있습니다.

17. 삶의 규칙 1 -시간

살아나가는 사람에게 중요한 것 중 하나는 규칙성입니다. 즉 스스로 지킬 틀이 있어야 하는데, 특히 중요한 것은 시간 관리 규칙입니다. 시간의 규칙이 없으면 신뢰를 상실하기 때문입니다. 그러므로 예측 가능한 시간의 계획성이 필요합니다.

두 종료의 바쁜 사람들이 있는데, 하나는 게을러서 바쁜 사람이니, 즉 일을 미루고 미루다 서두르는 사람입니다. 이 사람의 특징은 '시간이 넉넉하다'라고 합니다. 다른 하나는 일이 많아서 바쁜 사람이니 이 사람의 특징은 '그 시간이면 가능하다'라고 하는 것입니다. 그러나 이 두 종류의 바쁨도 살펴보면 자신의 시간을 바르게 활용하지 못해서 일어나는 과부하過負荷 같은 현상입니다.

시간에 대한 변명을 습관처럼 하는 사람에게 얼마의 신뢰를 주고 있을까요? 그러므로 무엇을 수행하는데 필요한 시간과 그 사이의 여유 시간, 그리고 예비 시간까지 관리는 필요할 것입니다. 예비 시간이란, 비상금이나 예비비와 같은 의미가 있는 것이기에, 성공적인 삶을 살아가기 위한 첫 순위는 자신의 시간을 바르게 관리하는 것입니다.

18. 삶의 규칙 2 -정돈

'어지럽다!'는 말은 공간이 정리되지 못한 상태를 말하는 것입니다. 우리의 삶이란 시간의 터 위에 생활이라는 건물을 세우고 그 내부를 채워나가는 것입니다. 따라서 공간에 대한 정돈은 필요한 것입니다.

책장의 책이 가지런하게 꽂혀 있고, 옷장의 옷들이 정리되어 있으며, 신발장의 신발들이 깨끗하게 놓여있는 것, 곧 그 물건이 있을 자리에 있어야 하는 것처럼 생활의 공간을 정돈하는 것은 필요한 것입니다. 그리고 공간 정돈이란 의미를 환경의 관리라는 의미에서 본다면 있어야 할 곳에 있는 것, 모든 것을 제자리에 두는 것이라 할 것이나 실상 우리가 관리해야 할 정돈은 공간의 의미 외에도 다른 모든 곳에 적지 않게 있다는 사실도 생각해야 할 것입니다.

즉 자신의 옷차림, 걷는 자세, 작게는 머리카락 관리도 넓은 의미에서 공간 정돈이라 할 것이며, 언어 사용과 표정관리도 그에 속한다 할 것입니다. 사람의 생활은 결국 시간이라는 선 위의 공간을 활용해서 구체화하는 것이기에 시간의 규칙만큼이나 공간의 정돈은 필요한 것입니다.

19. 삶의 규칙 3 -도덕

사람을 사회적 동물이라 부르는 것은, 동물들도 그 나름의 규칙은 있으나, 사람만이 그 어울림으로 살아가는 존재라는 말이고 그 어울림을 위한 그들만의 규칙으로 객관성과 도덕성을 세워 사회의 질서를 유지해 나가고 있기 때문입니다.

그렇다면 도덕성, 사회적 규범 또는 규칙이라는 것은 무엇일까요?

그것은 결코 무겁거나 힘들거나 어려운 것이 아닙니다. 또한 자신의 자유를 억압하거나 활동에 제한을 주는 것도 아니며 고도의 숙련된 어떤 모습이나 환경도 아닙니다. 어떻게 보면 가장 쉬운 것이 도덕성이니, 그것은 일상에서 누구라도 생각할 수 있는 기준을 지켜 나가면 되는 것을 말하는 것으로서 곧, 평범함에서 오는 생활의 방식입니다.

그러나 도덕성을 지키기 위해서는 개인적인 욕구를 일부 삼가해야 할 필요가 있습니다. 도덕성이란 개인을 위한 것이 아니라 함께 어울리는 모두를 위해 특별하지 않으면서 모두가 동의하는 평범한 삶의 방식이기 때문입니다.

20. 시간

우리의 무관심 속에서 가장 많이 낭비하는 것은 시간일 것입니다. 아껴 쓸 수 없으며, 저축도 불가능하고 빌려주거나 빌릴 수도 없는 것이 시간인데도 그렇습니다.

시간을 고대 희랍인들은 두 가지의 언어로 사용했다고 하는데, 그 하나가 '크로노스'라고 말하는 누구에게나 주어진 시간입니다. 남녀노소 빈부귀천을 차별하지 않고 주어진 하루 이십사 시간을 말하는 것이며, 다른 하나는 '카이로스'인데 카이로스라고 말하는 이 시간은 역사에 기록되는 사실 또는 그에게만 의미가 되는, 곧 본인에게 상당한 의미가 부여되는 시간을 말하는 것입니다.

역사와 추억이란 이 '카이로스' 시간이 주는 의미입니다. 그러므로 주어진 날들을 어떻게 가꾸며 세울 것인가를 생각하고, 행동하는 것으로 자신의 날들을 '카이로스'로 만들어 가는 것이 지혜로운 삶을 사는 방식일 것입니다.

21. 시간 2

사회 발전은 사람들의 일상을 바쁘게 해주었습니다. 농경 시대에는 농한기라도 있었지만 시대의 변화는 사람으로 다양한 활동을 하게 하였고, 그 다양함에 적응하기 위해 시간에 쫓기며 살아가게 되어 버렸습니다.

따라서 시간은 사람의 삶을 옥죄어 늘 긴장상태를 유지하게 하고 그 긴장은 스트레스를 받게 하여 여러 가지 질병을 유발하게 하니 건강을 해치는 것도, 분노와 짜증을 내는 것도, 쉽게 포기하거나 주저앉는 것의 일정 부분은 시간이 주는 긴장을 이기지 못한 결과입니다. 흔히 스트레스를 받는다는 것은 마음에 긴장이 있다는 말이며, 여유를 잃었다는 말이기에 긴장은 삶의 조화를 분쇄하는 적이 됩니다.

그러므로 일이 바쁘다고 마음까지 바쁘지 말아야 하는 것이니 마음이 바쁘면 일의 실수가 있기 때문입니다. 몸은 바쁘더라도 마음을 여유롭게 하면 스트레스를 받을 일도 적어지며 그만큼 일의 진행이 안정될 것입니다. 인성이 메마른 사회라고 하는 이들이 있는데, 그것은 마음 바쁜 사람이 많아지는 사회가 보여주는 모습 중 하나일 것입니다.

22. 결정

우리는 하루에 몇 번의 판단과 결정을 하며 지낼까요? 우선 실행을 하기 위해 이렇게 하는 것이 자신에게 좋을 것이라는 판단과 결정을 하고 실행할 것입니다.

어느 학자는 '사람은 하루에 약 400번의 결정을 한다.' 했습니다.

아주 작은 일상적인 생활의 결정으로부터 주어진 하루 일정의 동선을 그려보고 해야 할 것과 포기할 것들, 또는 사업이나 직장의 시간과 휴식 등을 결정하는데 그 정도의 횟수가 필요하다는 것입니다. 이런 결정의 대부분은 습관적인 것이지만 중요한 일이라면 조금 더 신중하게 판단하고 결정할 것입니다.

따라서 누구나 자신에게 유리한 결정을 하는 것인데 그러나 이것 하나는 생각하고 결정해야 할 것입니다. 자신이 내리는 결정이 다른 이에게 정신적, 시간적, 물질적 피해를 주거나 다른 사람의 마음을 불편하게, 또는 짜증나게 하지 않는가? 하는 것입니다. 때로는 자신의 결정이 자신에게 불편이 되거나 원하지 않는 경우가 있더라도 여럿에게 유익을 주는 것이라면 기꺼이 하는 것도 공동체를 위한 결정이 될 것입니다.

23. 버릇

누구에게나 습관은 있습니다. 그 습관이 긍정적이든 부정적이든 있는 것은 사실입니다. '세살 버릇이 여든까지 간다.'는 말이 있습니다. 버릇이란 다른 말로 습관이라 할 것입니다.

그래서 이런 버릇을 생각해 보았습니다.

첫째 마음 버릇이며, 둘째 입버릇이고, 셋째 몸 버릇입니다.

어른들께서는 이런 말씀을 하시곤 했습니다. '사람은 심보(마음 보자기)가 발라야 한다.' '저 놈 말하는 것 좀 보게' '저 놈 하는 짓이라고는' 등 입니다.

어떤 이는 상대하기 편하고 무슨 말도 통할 것 같은 이가 있는가 하면 어떤 이는 부담스럽고 어떤 말을 해야 할지 고민되는 이가 있는데, 그것은 그에게서 나오는 버릇 때문일 것입니다. 그러므로 좋은 버릇은 모든 이에게 환영받지만 좋지 않은 버릇은 다른 이들에게 불편한 마음을 갖게 하며 그를 멀리하게 하는 이유가 되는 것입니다. 그래서 늘 자신부터 엄격하게 다스리는 훈련이 필요하고 마음과 말과 몸에 습관이 되도록 다듬는 것이 자신의 사회생활에 도움이 되는 것입니다.

24. 요령

주변에서 상황을 해결하는 사람들의 다양한 해결방식을 볼 수 있습니다. 그러나 같은 상황이라도 어떤 이는 그 일을 지혜롭게 대처하고 해결하는 것을 보게 되는데, 그렇게 세상을 지혜롭게 살아가는 사람들에게 공통점이 있다면 그것은 그가 요령 있는 사람이라는 것입니다.

군 생활에서 가장 부럽게 여긴 동료는 어떤 상황에서도 요령껏, 적당히, 어려움 없이 근무합니다. 문제는 그렇게 하는 요령이 어떤 경우에는 얄밉게 보이기도 한다는 것입니다. 그래서 요령이라는 말이 '잔머리를 잘 쓰는'이라는 부정적인 의미로 사용되기도 하지만 실상은 '시류時流를 잘 타거나 순간의 상황에 잘 대처'하는 것으로 해석되는 말입니다.

따라서 요령이라는 것은 지혜로운 사람이 '매 순간 상황을 판단하고 해결하는 것'이기에 세상을 살아가는데 있어서 지식(배움)이 모자라도 지혜(요령)가 있으면 '처신머리'가 좋은 삶을 살아가는데 부족함은 없을 것입니다. 그런 요령이 다른 이들에게 상처가 되거나 손해를 끼치지 않는다는 전제하고서입니다.

25. 든 것

길을 걷다 보면, 사람이 곁을 지나갈 때 어떤 이에게서는 향이 나고 어떤 이에게서는 불쾌한 냄새가 나기도 하는데 이는 외출할 때 진한 향수를 뿌리고 나섰거나 또는 땀을 많이 흘렸거나 불쾌한 곳에 있다가 나온 사람일 수가 있을 것입니다.

사람의 후각은 동물의 후각만큼은 아니지만 그럼에도 나름의 향이나 냄새를 구별하는 기능은 소유하고 있습니다. 그래서 음식이 담겨있는 그릇은 그 냄새를 통해서 굳이 보지 않아도 종류를 알 수 있습니다.

사람의 됨됨이도 그렇습니다. 그의 인격과 지혜와 지식의 높낮이가 언어를 통해서, 그의 성격과 마음의 자세가 표정을 통해서 드러나고 그런 것들로 그의 형편이나 환경이나 감정이 어떤지를 알 수 있습니다.

속에 든 것이 드러나는 것은 피할 수 없는 진실입니다. 물론 애를 써서 잠시 감출 수는 있을지라도 시간은 그것을 드러나게 해 줄 것입니다. 그러기에 우리는 우리 속에 좋은 것을 담아두는 노력이 필요합니다.

26. 자족

사람이 살아가는 동안 완전하게 만족하는 경우가 얼마나 될까요? 어쩌면 완전이라는 말은 있어도 완전이라는 사실은 없을 것이니, 이는 사람이 신은 아니기 때문입니다. 따라서 사람이 만족스럽다고 하는 것은 완전한 만족보다는 '그만하면' 이라는 의미가 있을 것입니다.

그러기에 지금의 환경에서 만족스럽다는 표현을 쓰면서도 그보다 더 좋은 것을 찾으며, 만들고 있는 것이니, 오래전 호출기가 허리에서 딩동거릴 때 그 소리를 듣고 공중전화 부스를 찾으면서 만족했던 삶을 생각해 보면 그렇습니다. 따라서 예전에 '완전'이었던 것들도 지금은 그렇지 않은 것들이 많기에 '발전' '개발' 이라는 말도 있는 것이며, 그러므로 인생 선배들의 말을 빌리지 않더라도 모든 일들 속에 '만족' 이라는 말은 사용하기에 쉽지 않은 것입니다.

결국 우리가 살아가는 날 동안 '만족'이라는 말 보다 '자족' 이라는 말에 더 큰 의미를 주어야 할 것입니다. 자족이라는 말은 '자신이 누리기에는 적당하여 불만이 없다.'라는 의미이기 때문입니다. 따라서 우리의 삶에서 드러나는 모든 것들에 대해 스스로 족하게 여기는 것이 많을수록 그가 누리는 행복의 분량도 많아질 것입니다.

27. 익숙함

사람은 환경 적응의 능력이 뛰어난 존재입니다. 극한 지역에서 사는 이들의 모습을 보면 우리의 판단으로 살 수 없어 보이는 지역에서도 그들은 그들의 방식으로 생활하며 그들만의 역사를 만들어 갑니다.

사람이 환경에 어울리며 살아가는 것, 그것은 적응되어 있는 익숙함 때문입니다. 그러기에 삼한사온과 사계절의 기후에 익숙한 우리의 입장에서는 생소하여 여행 정도로 인식하는 나라들이 있는 것처럼, 그들은 우리의 삶이 생소할 것입니다. 그래서 익숙함은 다른 삶을 부담스럽게 느끼게 하고, 다른 삶에 거부감을 드러내기도 하며, 현재의 삶에 변화를 배척하기도 합니다. 그만큼 익숙함이란 자신의 삶에 중요한 것입니다.

하지만, 그 익숙함이 발전과 성장을 방해하는 것이라면 생각해 볼 일입니다. 변화시켜 나가는 사람들은 자신의 익숙함과 더불어 새로운 것에 대한 기대와 그것을 이루기 위한 용기를 가지고 있기 때문입니다. 따라서 익숙함을 원동력으로 하여 새로운 것에 대한 도전이 우리에게 있어야 할 것입니다.

28. 정情

코로나19가 기승을 부리는 동안 인간관계는 소원해졌습니다. 따라서 외출과 모임이 조심스럽게 되었는데, 그 틈을 채워준 것 중 하나가 트롯이라는 가요 프로그램이었고 여러 방송국이 경쟁적으로 방송하면서 시청자들이 많은 위로를 받았음은 사실입니다.

우리의 정서를 잘 표현하는 노래라 할 수 있는 가요의 가사를 보면 사랑보다는 정情이라는 의미를 더 깊이 담고 있음을 보게 됩니다. 그만큼 우리의 삶에는 사랑보다 정이 더 큰 울림을 주고 있기 때문일 것입니다. 여인들이 남편을 보며 속상할 때 하는 말이 '그놈의 정이 무엇인지?' 하는 말이 주는 의미입니다. 곧 인연이라는 것이 처음에는 사랑으로 만났음에도 세월은 정에 더 무게를 두게 하는 것입니다. 그러므로 우리의 삶은 정이라는 접시 위에 사랑을 담아 놓은 것이라 하겠습니다.

그렇게 생각해 보니 사랑이 겉절이 김치라면 정은 숙성된 묵은지 같은 것일 수도 있겠습니다. 그리고 묵은지가 어떤 음식과도 잘 어울리는 것처럼 정 역시 어떤 일상과도 잘 어울리는 삶의 모양일 것입니다.

29. 심다

우리의 삶에 변하지 않는 법칙이 있습니다. 시작과 끝이라는 법칙, 즉 태어나면 죽는다는 것입니다. 그리고 태어나면 살아가는 과정이 있는데 그 과정을 한 마디로 정리한다면 '심고 거둠의 법칙'이라고 할 수 있습니다. 노력한 만큼 소득이 있으며 애쓴 만큼 보람을 얻는 것입니다.

그러므로 우리가 깊이 생각해 볼 것은 어떤 일을 계획하고 준비하면서 무엇을 심을 것인가? 하는 것과 그 무엇을 어디에 심을 것인가? 그 무엇을 그곳에 왜 심으려고 하는가?를 스스로 묻고 답을 해야 하는 일입니다. '콩 심은 데 콩 나고 팥 심은 데 팥 난다'는 이 말은 변할 수 없는 진리이기 때문이며 더불어 무엇을 어떤 토질에 왜 심을 것인가? 하는 것이 소출의 차이로 나타나는 것이기 때문입니다.

그러나 왜 그것을 심었는지, 또는 그 일을 왜 그곳에서 하는지, 그 목적이 정당하고 바른 것이라면 비록 힘들고 어려우며 소출의 결과가 어떠하든지 그 소출의 즐거움은 배가 될 것입니다. 즉 그곳에서 그 일을 하는 자체만으로도 의미를 얻을 수 있는 것이라면 그렇습니다.

30. 객관적

우리의 생활을 살펴보면 어떤 문제가 있을 때 객관적이기보다는 주관적이 되는 경우가 많습니다. 그것은 어떤 일이든 모든 것에 우선하여 자신에게 유리한 쪽으로 이끌고자 하는 사람의 본능 때문일 것입니다.

그러나 사회생활에서 객관적인 것은 중요하므로 무엇을 말하거나 결정하거나 행동하기 전에 객관적 입장에서 먼저 살펴본 후 객관성이 허용하는 범위에서 자신의 유리 한 것을 취하는 것이 필요합니다.

경쟁 역시 그렇습니다. 경쟁에 다른 힘이 포함되는 것을 반칙이라고 하며 질투, 다툼, 분쟁 같은 문제는 객관이 실종된 곳에서 나타나는 결과이므로, 이기주의가 넘치는 사회를 바른 사회라 할 수 없을 것입니다.

그러므로 우리는 작은 일들부터 객관을 담보하는 자세가 필요합니다. 주차를 어디에 어떻게 할 것인가, 쓰레기를 어디에 버릴 것인가 하는 무심코 하는 일들부터 객관적으로 판단하고 행동하는 자세가 필요한 일이며 우리의 일상을 평화롭게 하는 삶의 방법인 것입니다.

31. 관리

삶의 모든 곳에는 관리가 필요합니다. 관리가 부실하면 문제가 일어나고, 무의식적이거나 작은 부주의가 큰 문제를 일으키며 일상의 불편을 가져오기 때문입니다. 공사장이나 생산 공장에서의 사고 또는 화재로 인한 피해와 같은 일들 역시 그 원인으로 관리부실이 지적되는 경우가 많은 것을 보면 그렇습니다.

물론 예상하지 않던 일들이 일어나거나, 어쩔 수 없는 상황에서 부딪치는 일도 있지만, 대부분의 문제는 관리 부실에서 나타납니다. 자녀 관리의 부실이 문제아를 키우게 되고. 관계 관리의 부실이 사회생활을 어렵게 하며 공공제의 관리 부실이 사고를 일으키는 것입니다.

그러나 더 중요한 것은 자신을 관리하는 문제입니다. 평상시의 생활에서 그다지 중요한 문제가 아닌 것들이라 할지라도 다른 상황에서는 그렇습니다. 중요한 모임에서의 자세, 언어, 행동 같은 것들입니다. 자기 관리가 얼마나 중요한 일인가? 이미 많은 사람들이 이로 인해 적지 않은 실수를 일으키고 있다는 것은 모두가 알고 있는 사실입니다. 따라서 자신이 소유한 모든 것 중에 자기 관리는 무엇보다 중요한 것입니다.

32. 당연함

우리가 일상에서 자주 잊는 것이 '당연함'이라는 것입니다. 당연하다는 것에 익숙해지면 그 당연함이 때로 문제가 되어 나타납니다. 물론 어떤 장소에서의 당연함이 다른 장소에서는 전혀 그렇지 않을 수 있기도 합니다.

아이들의 장난은 놀이터의 당연이지만 식당에서는 허용되지 않는 일이며, 청소년들이 내뱉는 상스러운 말도 친구들 사이에서는 당연함이 될지라도 결코 정당화되는 것은 아닙니다. 그러나 대부분의 당연함은 자신의 필요나 이익을 위해 허용하는데, 이는 깊이 생각해 볼 문제입니다.

병목현상이 일어나는 길을 끼어들거나 앞지르면서 지혜로운 '당연함'이라고 말하는 이들도 있는 것을 보면 당연함이 상실된 것 같기도 하며, 어른 세대에서의 '당연함'이 젊은이들에게 '불필요함'이 되기도 하여 생소하게 느껴질 때도 있습니다. 양보하면 자기 권리를 포기하는 것으로, 무거운 짐 들어주는 것을 어리석다 여기는 것을 어떻게 설명해야 할지, 우리는 '당연함'을 잊고 사는 세상에 있다는 생각을 해봅니다.

33. 소중함

살면서 주어진 모든 것에는 필요에 따라 그 가치가 부여되는데, 여기서 필요에 따른 다는 말은 '현재'라는 것을 의미합니다. 곧 중요성의 가치는 그 때와 장소에 따라 차이가 있으며 그 의미의 비중으로 소중함도 달라집니다. 그러나 우리가 늘 잊고 있는 것은, 가장 평범하고 손쉽게 대하는 것들의 소중함입니다. 특히 가족과 친구에 관한 것이 그렇고 편하게 사용하는 물건도 그러합니다. 어쩌면 특별한 의미를 부여하지 않아도 되는 관계이거나 물건이기에 별다른 중요성이나 소중함의 가치조차 생각하지 않는, 가까운 관계의 소중함입니다.

그러기에 어떤 상황에 이르러서 가장 소중한 관계였음을 깨닫곤 하지만 늦은 깨달음이 될지도 모릅니다. 내 곁을 떠난 후에야 깨닫게 되는 것들 중에 정말 소중한 것들이 많았음을 기억해 봅니다. 물건도 쓸모 있을 때 소중하게 사용하는 것이 필요하며 인간관계에서도 곁에 있을 때 소중하게 관계를 유지해야 합니다. 그 이유는, 넉넉하다는 생각을 하거나 늘 곁에 있을 것이라고 여겼던 인연이 끝어져 곁을 벗어난 후에 깨닫게 되는 경우가 있기 때문입니다. 후회란 늦은 것의 결과이기에 그렇습니다.

34. 세계화

현대를 글로벌시대라고 합니다. 한때는 세계화라는 말이 유행처럼 쓰일 때도 있었습니다. 그러나 실상은 서구 문명이 우리 생활에 적지 않은 영향을 끼치고 있다는 말이 맞는 말입니다. 5-60년대를 살아온 분들이 적응하기가 쉽지 않은 요즘 사회입니다.

건물마다 사용하는 외래어, 아파트 이름, 음식점에서 쓰는 인어들을 보면 더욱 그렇습니다. 그러나 우리가 알 것은 서구 문화는 유목문화(목축)이며 우리 문화는 거주문화(농사)입니다. 유목문화의 특성은 건식문화(마른음식)이고 우리 문화는 습식문화(국물음식)이며, 그들은 침대 중심이지만 우리는 구둘 중심이며 우리는 가족 중심이지만 그들은 개인 중심입니다. 서구 문화의 좋은 점은 적지 않습니다. 그러나 그것 때문에 우리 문화를 가볍게 대하게 되거나 제한하는 것은 매우 슬픈 일입니다.

요즘 젊은 부모 중에서 한글보다 영어부터 배워야 한다는 이들이 늘고 있다는 말을 들으면서 더욱 그런 생각을 하게 됩니다. 다행이 K문화가 세계의 중심으로 들어선다는 소식이 기쁨을 주는 요즘입니다.

35. 공평

공평이라는 말은 '어느 한 쪽에 치우침이 없다.'는 말입니다. 대체적으로 무엇을 나누거나 구분할 때 같은 방식으로 대하는 것, 그리고 같은 분량을 나누는 것이라는 말이니 곧 평등이라고 할 것입니다.

무엇을 공평하게 나누고, 평등하게 대하는 것에는 지위나 위치를 앞세우지 않아야 합니다. 하지만, 때로 무게나 숫자로 나눌 수 없어서 눈대중으로 나누어야 할 경우가 있는데 이럴 때 어떻게 하는 것이 좋은가? 만일 공평이 나와 직접적 관계가 되면 갈등을 하게 합니다. 그러나 그럴 때 이렇게 하면 좋을 것입니다. 만일 한 그릇의 밥을 똑같이 나누어야 할 때, 사람의 기본적인 욕구는 내 그릇에 한 숟가락 더 얹고 싶으나 상대방의 그릇에 한두 숟가락 더 얹는 것, 이것이 지혜로운 공평이 아닐까 하는 것입니다. 평등 역시 그러합니다. 상대방을 나보다 더 존중해주면 그것이 서로 나눌 수 있는 평등이 될 것입니다.

그러나 어떤 경우에는 꼭 필요로 하는 이에게 필요한 만큼 소유하도록 하는 것도 지혜로운 공평의 한 방식이라는 사실도 기억할 필요가 있습니다.

36. 원칙과 비교

비교 우위라는 말이 있습니다. '너보다, 무엇보다는 더~'라는 입장에서 보는 것을 말합니다. 물론 일상에서 비교 우위는 생활의 방식으로서 필요한 것입니다. 부인들이 시장에서 같은 물건을 들었다 놓았다 하며 선택하는 것부터 이런 방식으로 물건을 구입하고 있기 때문입니다.

그러나 '뭐 묻은 개가 뭐 묻은 개를 나무란다.'는 말이 있으니 이 말은 곧 '너나 나나 별 차이가 없다'는 말입니다. 이를테면 백 원 훔친 사람이나 천 원 훔친 사람이나 도둑질을 했다는 사실에는 차이가 없다는 말이며, 일 점 차이나 십 점 차이나 패배한 것은 패배한 것이라는 말입니다.

그러므로 자신의 잘못을 희석하기 위해 상대의 허물을 들추는 것은 옳지 않으며 나의 자랑거리가 상대의 자랑거리보다 좋은 것이라고 할 필요도 없는 것입니다. 상대와 비교하는 것이 내게 서운하거나 억울할 수 있으나 상대의 허물이 자신의 허물을 덮지 못하며 상대의 자랑이 나의 자랑을 감추지 못하는 것. 즉 잘못된 것은 크던 작던 잘못된 것이며 잘 된 것도 크거나 작거나 잘된 것이므로 그런 것으로 비교하여 상대적 우월감을 드러내는 것은 옳지 않습니다. 원칙은 원칙일 뿐입니다.

37. 조화

조화로움이 무엇일까를 보려면 우선 부조화와 불평등을 생각해야 합니다. 조화로움이란 부조화의 정리이며 불평등을 일체화하기 위한 것이니 곧 각기 다른 것들을 조합하여 아름다운 모습을 보여주는 것이 조화이기 때문입니다.

조화를 이룬다는 말은 어긋난 것을 어울리도록 하므로 그것으로 하여금 통일된 모습이 아닌 또 다른 어울림의 모습으로 만드는 것입니다. 사실 세상을 자세히 보면 결코 통일된 것이나 똑같은 것은 없습니다. 물론 같은 성향, 성질의 것은 존재하고 있지만 그렇습니다.

그러므로 어긋남이나 다름, 또는 틀림이 불평의 근거가 되는 경우가 있으나 틀림이 있으므로 아름다움이 있음을 생각하며 그 아름다움을 만들어 가기 위한 균형맞춤이 필요한 것입니다. 그러기에 오케스트라의 연주나 합창처럼, 자연의 아름다움처럼, 다른 이들과 다르기에 조화를 이루기 위한 수고를 기꺼이 하는 것입니다. 생각해 보니 연주나 합창보다 더 아름다운 음악은 '아카펠라'라는 무반주의 혼성 중창이었음을 기억합니다.

38. 클로버

어느 분이 네 잎 클로버를 발견했다고 사진을 찍어 자랑하는 것을 보았습니다. 그러고 보니 필자도 어렸을 적 클로버 무리를 보면 그 안에서 네 잎 클로버를 찾으려고 무릎을 구부리고 엎드려 헤매던 시절이 있었음을 기억합니다.

성인이 되고, 네 잎 클로버가 행운이며 세 잎 클로버는 행복이라는 뜻을 가지고 있다는 것을 알게 된 후부터 더 이상 네 잎 클로버에 대한 관심에서 벗어나 세 잎 클로버에 더 깊은 관심을 갖기로 했습니다. 그 이유는 네 잎 클로버가 세 잎 클로버 무리 속에 숨어있기 때문에 네 잎 클로버를 찾으려면 세 잎 클로버를 짓밟아야 하기 때문입니다. 이것은 행운을 만나려고 행복을 짓밟는 것이니 차마 그럴 수는 없기 때문이었습니다.

행운이란 말 그대로 생각하지 않은 때에 예측하지 못한 좋은 일을 만나는 것입니다. 흔히 '횡재했다.'는 말입니다. 그러기에 지금의 행복을 뒤로하면서까지 횡재를 바라는 것은 옳지 않다는 것이 필자의 생각입니다. 그것은 시간과 생각의 허비일 뿐이니 지금의 삶이 행복하도록 가꾸는 노력이 더 중요한 것입니다.

39. 느긋함

어떤 사람의 행동을 보면 느려 터졌다거나 게으르게 보이는 경우가 있습니다. 그 사람이 하는 것을 보면 답답하기도 하고 실망스럽기도 하기에 차라리 내가 하는 것이 좋겠다는 생각을 하기도 합니다.

하지만 그에게 그럴 만한 사정이 있을 것이라고 여기는 자세가 필요합니다. 어쩌면 몸이 불편하거나 또는 몸에 밴 습관이거나 그것도 아니면 그렇게 하는 것이 가장 적합하다고 판단했기 때문일 수도 있기 때문입니다. 물론 서둘러야 할 경우조차 그런다면 문제일 수 있겠지만, 답답하다 여기기보다는 마음을 열고 조금은 여유롭게 대할 필요도 있을 것입니다.

우리 어른들의 세대는 '빨리빨리'와 '부지런'이라는 활동력을 효율적이라고 생각할 수밖에 없는 세대였고 그렇게 해서 이만큼 발전한 사회가 되었다는 것을 인정합니다. 이제는 마음의 여유를 갖고 무엇이든 세심하게 살피는 자세도 필요한 시대가 되었습니다. 어쩌면 현대 사회의 모습, 우리는 느긋함을 잊고 사는 현재에 서 있는지 모르겠습니다.

40. 떡고물

회사카드를 자신의 필요한 곳에 사용해서 문제가 되었다는 말을 들으면서, 눈먼 돈이라는 말이 기억났습니다. 법인카드로 고기 사고, 한 턱 쏘고, 어쩌면 그 사람은 자신이 재수 없게 걸렸다고 생각할 수 있을 만큼 이런 일들은 비일비재할 것입니다.

일하는 사람에게 일을 하도록 여건을 만들어 주는 것은 당연합니다. 옛말에 '쟁기 끄는 소의 입에 망을 씌우지 말라'는 말이 있는데, 소가 쟁기 끌면서 먹이를 보면 그 먹이 때문에 일이 제대로 되지 않기 때문입니다. 그래서 농부는 소가 먹을 때에 기다려 주는 것입니다.

떡판 옮기는 일군이 떡 몇 개나 떡고물을 먹는 것은 괜찮습니다. 어릴 적 잔치가 있으면 마을 사람들이 일을 거들면서 한 쪽씩 먹곤 하던 일이 기억납니다. 일을 하는 사람이 목마르면 음료수를, 배고프면 음식을 먹는 것은 당연한 것입니다. 하지만 떡판 채 감추거나 떡을 밖으로 내어가는 것은 옳지 않은 것이며, 물건 값을 본전 이하로 깎으려 하는 손님이나 그 물건의 양과 질을 낮추는 장사꾼, 즉 무엇이든 정당한 것 이상으로 자신의 이익을 취하면 안 됩니다. 그래서는 정의로운 사회가 안 되기 때문입니다.

41. 온정

'온정'이란 따뜻한 정이라는 말입니다. 그래서 온정을 베푼다는 것은 장려해야 할 일이며 모두가 관심을 가져야 할 일입니다. 그럼에도 이런 문제는 한 번쯤 생각해 볼 일이라는 생각이 들어서 글을 써 봅니다.

어떤 이에게 한 노숙인이 배가 고프다며 천 원을 요구하기에 '그러면 같이 가자, 밥을 사주겠다.'고 했는데 굳이 천 원을 요구했고 그는 거절했답니다. 만일 노숙인이 그를 따라갔다면 국밥과 술을 먹을 수 있었을 것입니다. 노숙인에게 돈을 주면 술을 사 마실 것이니 당연히 몸을 버리게 되기 때문에 그는 거절했으나 내내 마음이 불편했다는 말이 기억에 남습니다.

물론 그 노숙인은 다른 단체의 도움으로 끼니를 해결할 테니 어떤 방식으로든 살 것입니다. 그러나 그 사람이 그렇게 했다고 다른 이도 그렇게 하기를 바라지 않습니다. 누군가 그에게 천 원을 주어야 그는 지루한 시간을 보내며 같은 노숙인들과 어울릴 수 있을 것이기 때문입니다.

온정이란 무엇일까? 이 글을 쓰면서 마음이 즐겁지 않은 것은 숨길 수 없습니다.

42. 노을

저녁 바닷가에서 노을을 보았습니다. 참 곱게 물든 노을을 보면서 나도 노을처럼 곱게 물들고 싶습니다. 나를 보는 이들이 그 아름다움을 기꺼이 볼 수 있는 그런 노년을 만들고 싶어졌습니다. 그러나 아름다운 노을은 태양이 비추는 곳에 있는 구름만이 만들 수 있듯 내 삶에도 태양과 같은 후견이 필요하고 그 후견은 나에게 밝음을 주는 존재이어야 할 것이라는 생각을 했습니다.

따라서 내 삶에 영향을 끼칠 수 있고, 내가 배우고 닮아갈 수 있는 대상으로서 내가 섬기는 신앙의 근원이 되시는 그 분을 통해 배움과 깨달음을 얻고 흉내 내며 좇아가야 하겠다는 생각으로 나름 애쓰고 있는 중입니다. 비록 그의 옷자락을 만질 자격도 없지만 그렇습니다.

늙어간다는 것, 그럼에도 붉은 노을처럼, 누가 보아도 아름답다 느끼게 할 수 있는 그런 노년을 만들고 싶기에, 어쩌면 늙어가는 것이 아니라 익어가는 것이라는 가요의 한 구절과 같이 곱게 익어가는 그런 노을 같은 삶을 꿈꾸며 오늘도 하루를 빚어봅니다.

43. 논쟁

논쟁이란 토론보다 수위가 격한 의논입니다. 토론이나 논쟁이나 어떤 문제를 더 좋은 결론으로 이끄는 방식이기에 발전을 위한 토론과 논쟁은 목적을 이루기 위해 협력하고자 하는 중요한 과정입니다.

그러나 자신의 제안이 성사되게 하려고 과격하게 하는 논쟁은 옳지 않습니다. 논쟁이 격하게 되면 주제보다 감정이 앞서고 그 감정은 상대의 약점까지 논쟁의 도구로 삼게 되기 때문입니다. 하지만 상대의 약점을 이용해서 성공하는 것이 좋은가? 하는 것에 동의할 수는 없는 것은, 그를 따르던 이들 중 누구는 떠나고 누구는 거리를 두게 될 것이기 때문입니다. 그가 상대의 약점을 이용하는 것을 본 이들은 자신과 의견차이가 있으면 자신의 약점도 드러낼 사람이라고 판단할 것이기 때문입니다.

결국 그는 순간에 얻는 이김과 이익은 있겠으나 자신의 인격을 잃어버리는 것과 함께 가까운 벗들도 잃는 결과를 얻을 것입니다. 논쟁은 필요하나 그 주제 안에서 해야 하는 이유는 주제를 벗어난 논쟁이 난장판을 만드는 소재가 되기 때문입니다.

44. 낙심

살아가는 동안, 자신이 한 일에 대한 결과를 보며 낙심해보지 않은 사람은 없을 것입니다. 크기가 차이 날 뿐 누구라도 낙심의 경험은 있습니다. 어쩌면 성취감보다 낙심의 경험이 더 많을 수도 있습니다.

그러나 문제는 낙심 이후입니다, 낙심이 마음의 상처가 되고 어떤 상황에서 다시 재현된다면 이것은 문제입니다. '자라 보고 놀란 가슴 솥뚜껑 보고도 놀란다'고 했습니다. 흔히 트라우마라 하는 것에 붙들릴 수 있기 때문입니다.

경추 수술 후에 몸놀림을 조심하는 버릇이 생겼습니다. 늘 몸을 겁낸다는 자세로 생활하려고 신경을 쓰는데, 곧 뛰면 건널 수 있는 횡단보도를 포기하고 다음 신호를 기다리는 것이나 힘을 쓰면 한 번에 할 수 있는 일도 두 번에 나누어 하는 것입니다. 하지만 그것 때문에 낙심하지 않습니다. 낙심은 또 다른 일상을 불편하게 하기 때문입니다.

이미 지나간 것들로 현재를 붙잡게 하는 것은 자신을 위해 전혀 도움이 되지 않습니다. 그것은 내일에 대한 무관심이거나 내일에 대한 예의일 수가 없기 때문입니다.

45. 낙심 2

살아가다보면 뜻하지 않은 어려운 일을 겪는 때가 있습니다. 처음 어려움을 겪을 때에는 순간 지나는 일이라 생각하며 힘을 내지만 그 어려움의 시간이 길어지면 자신도 모르게 좌절의 늪에 빠지게 되고 절망에게 손목을 붙잡히게 되곤 합니다.

하지만 문득 내가 살아있으므로 만나는 어려움이라면, 아니 살아있기에 경험하는 것이 인생이라면, 더 나아가 '나'이기 때문에 겪는 일이라면 모든 일에는 그에 따른 비용이 지출되어야 하는 것처럼, 이것 역시 살아 있음에 대한 대가라 할 수 있을 것입니다. 경험처럼 좋은 공부는 없다고 말하는 이가 있습니다. 몸으로 겪는 체험은 그 몸이 기억하고 있기 때문이니, 낙심할 수밖에 없는 일 역시 그 몸이 기억하고 있을 것이며, 어느 순간 그 기억이 나에게 상당한 도움이 되어 줄 것입니다.

9시간의 경추수술(네 마디에 보철물을 삽입)을 한 후 받은 복지카드, 없는 것이 좋지만 이미 그렇게 되었기에 받은 것인데, 나름 여러 가지로 도움을 받고 있으니, 그 또한 나이기에 겪는 나의 삶이므로 그 때문에 낙심하지는 않는답니다.

46. 충동적

사회적 문제가 되는 사건 중에 적지 않은 일들이 충동적으로 일어난다고 합니다. 그것은 그 사회의 조건에 적응하지 못하는 사람이 일으키는 순간적인 자기 제어의 실패 때문입니다. 그리고 이러한 사건은 다른 사람을 불안하게 하고 그것이 다시 사회적 문제를 일으키는 이유가 되기도 하는 것입니다.

그 이유는 그 사람의 일상에 문제가 있다는 것인데 특히 미래가 불확실하면 더욱 악화됩니다. 그럴 때 사람들은 자신을 제어하지 못하고 그 불안에서 벗어나기 위해 다른 수단을 이용하려는 유혹을 받습니다. 곧 사회성을 벗어난 순간적인 쾌락과 흥분을 통해 해소하며, 더 나아가 마약을 사용하는 경우도 있는 것입니다. 현재 우리나라도 마약 청정국에서 벗어났다는 발표가 증명해 주고 있습니다. 물질은 풍족해졌으나 사회의 불안정과 미래의 불확실성이 마음의 안정을 흔들기 때문입니다.

그럴 때 필요한 것이 완충 방법입니다. 자동차에 브레이크 기능이 있는 것처럼 자신의 생활에도 브레이크 기능이 있도록 함으로서 그 순간을 벗어나는 지혜로움이 필요한 것입니다.

47. 정답

수학의 공식은 그 정답을 찾게합니다. 그러나 우리의 삶에는 정답이 없습니다. 많은 학자들이 그 답을 찾으려 수고하지만 그럼에도 우리의 삶에는 정답이 없습니다. 그저 보편적인 기준 안에서 자신이 좋은 방식대로 살면 된다고 말합니다.

그러나 그 보편적인 기준에서 보더라도 사람이 살아가는 방식은 비슷하지만 부딪히는 상황과 조건이 다르며 그 결과도 하나같이 다르기 때문에 무엇이 정답이라고 할 수 없는 것이 삶이라는 것입니다. 물론 죽음이라는 공식은 누구에게나 적용되지만. 그럼에도 사회는 기본적인 몇 가지의 규칙을 정해놓았고 우리는 이 규칙 안에서 생활을 해야 하는 것인데, 그것은 도덕적 규범, 사회적 법칙, 규례들입니다. 곧 주관적이 아니라 객관적으로 검증된 그런 것들입니다.

그러므로 누구든지 제 멋대로 산다고 하지만 제 멋 이라는 것도 그 규칙을 벗어날 수 없는 것입니다. 정답 없는 세상을 살면서도 모두가 공감할 수 있는 규칙을 앞세우고 정답 있는 것처럼 사는 것, 이것이 세상이기 때문입니다. 옳고 그름 보다는 차이를 인정하면서…….

48. 옳음

자신의 잘못을 회피하기 위한 수단으로 상대의 잘못을 들춰내는 경우를 봅니다. 이 경우는 '나도 잘못했지만 너는 나보다 더하다.' 이거나 '너는 뭐가 잘나서,'라는 의미를 담고 있습니다. 이것은 나의 잘못을 감추기 위해 상대의 잘못을 드러냄으로서 잠시 자신이 맞아야 할 소나기를 피하고자 하는 의도가 있는 것입니다. 어떻게 보면 나의 잘못을 감추기 위한 명분으로 상대의 잘못을 앞세우는 것입니다.

하지만 이렇게 말하면 어떨까요? '나도 잘못했다. 그러나 내 마음과 형편에서 어쩔 수 없었다.'라고 말입니다. 아무도 정확한 규칙을 모를 때 자기들끼리의 놀이에서 규칙을 정하고 그 규칙대로 놀이를 하다가 잘 아는 사람이 정확한 규칙을 알려 준다면 규칙을 잘 몰랐거나 그들만의 규칙이었음을 인정하는 것이 옳은 것입니다. 따라서 드러난 잘못을 회피하고자 하는 것은 비굴한 것입니다.

그러므로 구차하게 보이는 변명보다는 옳은 것에 대하여 옳다고 할 수 있는 것, 그것이 진정한 용기일 것이며 그러한 용기가 필요한 시대인 것 같습니다.

49. 과정

군 생활에서 자주 듣던 말 중 하나가 결과의 중요성입니다. 처음이 맞고 결과가 맞으면 그 과정은 중요하지 않다는 말입니다. 군가를 불러도 시작과 마지막을 힘차고 강하게 부르면 된다는 것이니 이는 전쟁의 목적이 승리에 있다는 것을 알려주는 하나의 방법일 것입니다.

그러나 현재의 환경을 보면서 문득 과정이라는 말을 생각하게 된 것은 오늘의 사회현상에도 성공과 이익에 대한 욕구가 앞서 결과만 좋으면 된다는 의식이 팽배해졌기 때문입니다. 시험 점수 때문에 답안지를 유출하고, 정보를 빼내어 이익을 얻으려고 합니다. 기회를 잘 타서라거나 머리를 잘 쓴 결과라고 하는 것이 옳은 것처럼 느껴지는 사회 현상, 하긴 결과가 좋은 것을 싫어할 이는 없습니다. 그러나 때로는 그 결과가 자신에게 고통이 되기도 하고 다른 이에게 손해를 끼치게도 되는 것입니다.

그러므로 이제부터는 빠름, 잘됨, 이김, 오름, 소유보다도 그렇게 되기까지의 과정을 옳고 바르게 하려고 하는 그런 사회가 될 수 있도록 우리 모두가 관심을 갖고 실행해야 하지 않을까요? 우리의 후손들을 위해서라도 말입니다.

50. 효도

부모가 자녀에게 효를 받을 권리는 있으나 그 자격을 논하는 것은 쉽지 않은 문제입니다. 낳아 준 것만으로 부모의 자격이 있는 것일까? 부모는 어떤 모습을 자녀에게 보여주며 무엇을 어떻게 해 주어야 부모다운 것일까? 이 문제는 가볍지 않은 숙제입니다. 부모다움을 위해 노력하는 것은 필요하지만 그 방식이나 방향의 결정이 쉽지 않기 때문입니다.

그러나 분명 생각할 것은 자녀는 부모를 닮아간다는 것입니다. 외형에서도 그 부모의 모습이 보이며 행동에도 부모의 모습이 보이는 것이니 피를 속일 수 없다는 말도 있는 것입니다. 따라서 늘 자녀가 보고 배운다는 것을 생각하며 말과 행동을 조심해야 할 것입니다.

하지만, 자녀에게는 부모가 내 생명의 근원이라는 그것 만으로도 효를 행할 의무가 주어집니다. 따라서 효를 받을 권리는 부모라는 이름에게 주어진 신의 계명입니다. 물론 효를 받을 권리가 부모에게 있으나 자식이 즐거운 마음으로 효도할 수 있도록 그 환경과 여건을 만드는 것은 부모의 의무입니다.

51. 교육

우리나라 부모들의 교육열은 세계적이고 자녀들의 학습시간은 살인적입니다. 부모는 생활비의 상당 부분을 교육비로 지출하면서 허리가 휘청거리고 자녀들의 허우적거림도 대단합니다. 오전 6~7시 일어나서 학교, 학원 등을 돌아 귀가하는 시간이 늦으면 오후 10시가 넘곤 합니다.

교육, 그것은 경험자가 경험한 그런 상황을 비경험자가 부딪치게 되면 '해결할 수 있도록' 알려주는, 또는 '가르쳐 주는 것.' 이라는 것이 저의 교육론입니다. 그러나 우리나라 교육의 중심에는 주입과 암기라는 일방통행 방식이 자리하고 있으며 학생들의 다수는 이런 방식에 젖어있어서 쓰고 외우기를 반복하기에 정작 우리의 교육에 꼭 있어야 할 사회적, 도덕적, 객관적 의미들이 학생들의 심중에 자리하기가 쉽지 않습니다.

교육의 목적이 시험만을 위한 것이 아님을 알고 있음에도 그렇게 하지 않으면 도태됨을 고민해야 하는 학생들의 일상을 보며 안타까운 마음을 담아봅니다.

52. 가르치다

'가르치다'는 '교육하다'의 또 다른 말입니다. 여기의 '가르치다.'는 '가르다'와 '치다'가 합쳐진 단어입니다. 즉 '가르다'에는 '나눈다, 구별한다'라는 의미가 있으며, '치다'는 '잘못된 부분을 잘라내다.' '주변으로부터 보호막을 치다.' '잘 성장하게 하기 위하여 돌보아 준다.'라는 의미를 담고 있습니다.

그러므로 '가르치다'라는 말에는 옳고 그름과 굽어짐과 바름, 선함과 악함 같은 것을 알려주고 보호해 주는 것을 의미하는 것입니다. 곧 교육이란 배운 지식을 지혜롭게 사용하도록 길을 알려주고 도리에 맞는 것을 행하도록 도와주는 것입니다. 요즘 적지 않은 청소년들의 사회성을 보면서 우리의 교육에 이러한 가르침이 더 필요하지 않을까 싶습니다.

교권이 무너지고 있다는 교육계의 상황을 접하면서, 세계 최고의 교육열을 자랑하며 각종 대회에서의 우승을 소중하게 여기는 것도 좋은 일이겠으나, 그보다 우선 되어야 할 진정한 교육에 대한 문제를 우리 모두가 신중하게 검토하고 고민해야 할 때가 바로 지금입니다.

53. 지식

교육이 '아는 이가 모르는 이에게 아는 것을 전해주어 그가 같은 문제를 대할 때 대처할 수 있도록 하는 것'이라면 지식은 그것을 받아 자신의 내면에 쌓아두는 것입니다. '알아야 면장을 한다.'는 말이 있듯 지식이 많으면 삶을 효율적으로 살 수 있기 때문입니다.

전문가란 어느 한 분야에 상당한 지식과 경험을 소유하고 있는 사람을 가리키는 말입니다. 그러나 전문가란 또 다른 분야에는 비전문가라는 말도 되는 것이기에, 한 분야에서 성공한 사람이 다른 분야에 들어섰다가 실패하는(군인 같은 전문직에서 은퇴한 분들이 사업을 하거나) 경우가 있는 것입니다. 그러므로 자신의 전문분야가 아니라도 기본적인 지식은 쌓아둘 필요가 있습니다.

지식이 많다는 것, 그것은 자신이 살아야 할 세상에서의 활동 반경을 넓게 해 주는 능력이므로, 지식을 소유하기 위한 노력은 필요합니다. 음식도 먹어본 사람이 잘 먹는다는 말처럼, 안다는 것, 무엇인가 알고 있다는 것, 이것은 성공적인 삶을 살아가는데 매우 필요한 것이기 때문입니다.

54. 지혜

지혜란 지식과는 그 결이 다른 의미입니다. 지식이 '아는 것'이면 지혜는 상황을 풀어나가는 실력을 가리키는 것으로서 '지혜롭다.'는 말은 문제를 풀어가는 방식이 부드럽고 바르다는 것이니 따라서 지혜란 지식을 더 쉽고 가치 있게 풀어가도록 해주는 능력인 것입니다.

그러므로 지식 있는 사람이 어떤 상황을 만났을 때 그 아는 것으로 문제를 풀어 가는데 부족하지 않겠지만 지식 있는 사람이 지혜롭다면 더욱 쉽고 확실하게 문제를 해결하게 될 것입니다. 곧 지식은 정보이며 지혜는 행동 방식이니 지혜로운 사람에게 지식이 모자라거나 지식 있는 이가 지혜롭지 못하면 몸이 그만큼 고되고 수고할 수밖에 없을 것입니다.

그러므로 지혜는 지식을 먹고 자라는 나무와 같습니다. 어른들이 어떤 사람을 평할 때 "저 사람이 조금 더 배웠다면," 이라 말하는 것은 지혜롭지만 배운 것이 모자란다는 의미이며 '당해봐야 안다.'는 말은 지혜이 부족을 탓하는 말입니다.

55. 숙성

언제부터인가 외식을 하면서 청국장을 회피하게 되었습니다. 물론 시장에서도 청국을 사지 않습니다. 어릴 적 안방 아랫목에서 이불을 덮어쓰고 숙성되던 그 청국의 향과 맛이 사라졌기 때문입니다.

한동안 발효 음식이 각광을 받았고 지금도 우리의 식문화에 상당한 영향을 주고 있으며, 발효 식품이 건강에 좋다는 것을 모르는 사람은 없습니다. 그것은 발효과정을 통해 그 음식만의 독특한 향과 기능이 있게 되고 우리는 그 음식을 건강식으로 인정하며 섭취하는 것입니다.

사람도 그러합니다. 자신을 얼마나 숙성(성숙)시키는가에 따라 그 자신에 대한 독특한 '그답다.'가 만들어지기 때문입니다. 그답다, 이 말은 그를 그로 인정하는 말입니다. 그러나 그 말을 듣기까지 자신을 숙성시키는 과정이 없어서는 안 될 것입니다.

된장, 고추장, 간장 같은 음식의 숙성처럼 자신을 자신만의 독특한 품위와 기능을 갖추기 위한 숙성 과정은 자신을 위한 투자입니다.

56. 그릇 1 -모양

유행에 민감한 사람은 시류를 좇아갑니다. 따라서 유행은 그 시대 문화의 흐름에 편승합니다. 문화의 저변을 자세히 살펴보면 유행이라는 것은 세월 따라 돌고 돌아오는 것입니다. 어떤 부인이 30년 전 유행하던 남편의 넥타이를 허리춤에 매고 다녔는데, 얼마 후 그 넥타이를 남편이 다시 매고 다니는 것을 보았습니다.

하지만 유행보다 그 시기의 생활에 유익을 주는 것도 있는데 그 중 하나가 그릇입니다. 그릇 가게를 지나다 보면 전에 없던 새로운 그릇이 진열되어 있어 눈길이 갑니다. 필자뿐 아니라 다른 손님들도 그 그릇에 눈길을 주며 손으로 쓰다듬곤 하니, 살 것이 아님에도 그렇습니다.

외형이 중요한 것은 눈길을 끌기 때문인데 이것은 물건 뿐 아니라 사람과의 관계에서도 그렇습니다. 우리가 사람을 대할 때 외형부터 볼 수밖에 없으므로 따라서 명품이거나 최신 유행하는 옷은 아니더라도 깨끗하고 품위 있는 차림을 하는 것은 교제를 하는데 중요한 요소 중 하나입니다. 그러므로 외출 전 거울 앞에 서서 자신의 모양이 다른 사람에게 실례가 되지 않을 것인지를 살피고 이왕이면 깔끔하고 아름답고 멋있게 가꾸고 출발합시다.

57. 그릇 2 -질

고객들이 매장에 들어서면 먼저 그릇의 외형에 눈길이 가지만 그릇을 고를 때는 그 질을 생각합니다. 한동안 플라스틱 제품이 가격 싸고 쓰기 편하다 하여 많이 사용했지만 건강에 좋지 않다는 소문이 나면서 차츰 다른 제품의 그릇을 사용하는 이들이 많아졌습니다.

지금은 여러 종류의 질 좋은 그릇들을 다양한 기능으로 사용하는데 우리 선조들은 나무그릇부터 시작해서 자기, 놋, 양은, 스텐레스 등 그 제품의 질을 살피면서 우수한 재료를 사용해 만들어 왔습니다.

그렇듯 자연에 존재하는 실물에는 수질, 목질, 토질 등으로 그 본질에 대한 것을 말하는데, 이와 같이 사람에게도 질은 있으며, 그 질을 인격이라고 말합니다. 그래서 사람을 평할 때 저질스럽다거나 악질이라는 말을 사용합니다. 그러므로 자신의 행동이나 자세가 저질스럽거나 악질 같지 않은지 살피는 지혜는 필요합니다.

사람의 됨됨이, 흔히 진국이라는 말로 표현하기도 하는, 그런 질을 우리 모두가 반추해 봅시다.

58. 그릇 3 -필요성

그릇은 외형이 보기 좋아야 합니다. 그러나 그보다 중요한 것은 질(제품)입니다. 하지만 더 중요한 것이 있는데 곧 필요성입니다. 얼마나 내게 필요한 것인가? 그 소용 가치가 있는 것인가? 하는 것입니다. 어느 가정도 그렇겠지만 주방의 수납장을 열어보면 일 년에 한두 번 정도 쓰려고 간수해 온 그릇들을 볼 수 있습니다. 물론 쓰고자 할 때 없어서는 안 되는 그릇들입니다. 하지만 일상생활에서는 주방에서 필요에 따라 쓸 수 있는 그런 그릇이 더 중요한 것입니다.

우리의 삶에도 그런 사람이 있습니다. 자신에게 가장 필요한 사람, 그 일 순위는 가족이며 그 가족 중에서라면 평생을 약속한 배우자일 것입니다. 그 다음이 자신의 사회적 입장에 따른 관계인데 곧 직업 중심의 관계와 종교 중심의 관계이며, 이 두 분야의 관계는 자신의 삶을 충실하게 하는데 매우 중요한 관계입니다. 따라서 그 사람이 내게(우리에게) 필요한 사람인가? 그 사람이 내게(우리에게) 중요한 사람인가? 살펴봐야 하며 더불어 나도 다른 사람에게 그런 존재인가? 하는 것을 깊이 생각하는 것도 중요한 일입니다.

59. 이해

인간관계를 원만하게 하기 위해서라면 상대방에 대한 이해는 절대적인 조건입니다. 관계에 있어서 가까워지거나 멀어지는 이유는 이해에 따라 나타나는 결과입니다. 이해가 필요한 것은 모든 사람이 자신과 같지 않기 때문입니다.

그러나 우리가 이해한다고 하는 말의 의미를 생각해 보아야 합니다. 즉 자신이 이해한다는 의미가 상대의 입장에서 이해하는 것인가? 아니면 내 입장에서 이해하고 있는 것인가? 하는 것입니다.

우리가 다른 이에게 조언을 하면서 쉽게 하는 말이 "내가 너 같으면"이라는 말인데 그 말의 의미 속에는 내 생각과 판단이 들어 있는 것을 볼 수 있습니다. 즉, 상대의 입장에서 이해하고 있는 것은 아니라는 것입니다. 그러므로 "나도 너라면"이라는 입장은 아니기에 진정한 이해라고 할 수 없는 것입니다. 따라서 "내가 너 같으면"이 아닌 "나도 너였다면 그렇게"이거나 또는 '내 생각에는'이라고 하는 것이 상대를 이해하는 바른 방법일 것입니다.

60. 용서

"다시는 그러지 마!" 아랫사람의 잘못을 책망하며 용서할 때 많이 쓰는 말입니다. 이 말에는, 처벌하지 않으면서 재발하지 않기를 바라는 마음이 담겨있는데, 그러나 다시 이 말을 새겨 보면 '다시 또 그런 일이 있으면…….' 이라는 의미도 있는 것입니다.

그래서 "전에 그러더니 또!"라는 말도 있으니 곧 예전의 잘못을 잊지 않고 있었다는 것이며 따라서 전에 한 잘못은 용서한 것이 아니라 집행유예였다는 것을 강조하는 말입니다. 그렇기에 이번의 잘못으로 인해 그에 대한 결과는 가중처벌로 드러나는 것입니다.

용서란 말의 참 의미는 그 잘못을 재론하지 않겠다는 약속이며 같은 잘못을 또 하더라도 지난 잘못을 포함하는 꾸지람이나 처벌은 하지 않겠다는 것입니다. 진정한 용서를 성경은 이렇게 말하고 있습니다. 어떤 잘못을 등 뒤에 던짐 같이, 동이 서에서 먼 것 같이 하는 것, 곧, 잘못을 되찾지 않는 것을 의미합니다. 그렇다고 등 뒤이거나 서쪽이라도 그 잘못이 삭제되었음을 말하는 것은 아니기에 잘못을 한 사람은 그 잘못을 되풀이 하지 않기 위한 노력해야 할 것입니다.

61. 용납

비슷한 의미를 주는 말이지만 뜻이 다른 세 낱말이 있습니다. 곧 이해, 용서, 용납이라는 말이니, 그 말이 주는 의미를 한 번은 살펴볼 필요가 있으므로 정리해 봅니다.

이해라는 말의 의미는 '네 입장이나 형편에서 그럴 수 있다. 하지만 분명 잘못이니 그 벌은 받아야 마땅하다.'입니다. 사람은 누구라도 자신에게 유리한 방식으로 행동을 하지만, 그 행위가 객관적인 입장에 벗어난 행동이 있기에, 그것이 잘못이라면 그에 맞는 벌은 받아야 한다는 것입니다.

용서의 의미는 '네 형편에서는 그럴 수 있기에 그 잘못에 대한 벌을 주지 않겠다.'는 것입니다. 흔히 법정에서의 정상참작이 여기에 해당되는 말입니다. 우리가 "오죽했으면"이라 하는 그런 형편을 뜻하는 말입니다.

용납이라는 말의 의미는 '네 입장이나 형편에서 그럴 수밖에 없으니 그 잘못에 대한 벌을 주지 않을 뿐 아니라 너를 예전과 똑 같은 관계로 대하겠다.'라는 말입니다. 어쩌면 이 말은 신과 인간의 관계와 부모와 자식과의 관계에서만 볼 수 있는 거룩하고 아름다운 관계일 것입니다.

62. 보람

보람이란 우리의 삶에 중요한 이유가 되어주는 조건입니다. 무엇을 하든, 그 결국은 보람이 될 것이라는 확신과 보람을 누리고 싶은 소망이 살아갈 용기와 인내를 주기 때문입니다.

보람은 의미라는 포장지 안에 있어서 그 의미를 양파껍질 까듯 하나하나 열면서 그 안에 들어있는 보람을 찾아가는 과정인 것이며, 그 의미를 설명하는 것이 목적의식입니다. 무엇을, '어떻게 할 것이다.' 하는 것과 '왜?'라고 하는 목적을 기준으로 행하는 것입니다. 그러므로 자신이 세운 목적의식이 과정을 만들게 하고 과정의 끝에 성취의 보람을 만나거나 실패를 통해 또 다른 경험과 교훈을 얻게 하는 것입니다. 우리가 말하는 회상은 그 과정이 우리에게 주는 추억이라는 선물입니다.

어떻게 보면 모든 인생 이야기는 그 보람을 찾아가는 삶의 현장을 그려나가는 과정입니다. 그 보람을 쟁취하기 위한 과정이 웃음과 울음, 고통과 환희, 다툼과 화해 등으로 만들어지는 것이며, 지금도 우리는 보람을 찾아가는 과정에 있는 것입니다. 그 결국이 행복이었다고 말하기 위해서…….

63. 나눔

나눔이란 자신에게 있는 것을 다른 이와 공유하거나 소유권을 대가 없이 건네준다는 것입니다. 즉 내게 있는 것 중 그에게 필요한 것을 분리해서 주는 것, 또는 내게도 필요한 것이지만 더 필요로 하는 이에게 건네줌으로서 그의 필요를 충족시켜 준다는 것을 말합니다.

'인색'이라는 말은 내게 있어 썩더라도 움켜쥐고 있는 것이라면, '나눔'이란 내게 있어 좋은 것이지만, 내게 있음으로 얻는 것보다 줌으로서 받는 이가 누리는 즐거움을 함께 공유하는 것이 더 좋음을 아는 이들이 행동으로 옮기는 것입니다. 그리고 나눔을 실행하는 사람은 받는 이가 얻는 기쁨보다 나눔으로 인해 자신이 누리는 즐거움과 행복의 가치가 더 소중한 것을 알기에 나누는 것입니다.

지금보다 어렵게 살던 그 시절이 더 행복했었다고 추억하는 것은 울타리 사이로 넘나들던 작은 나눔으로 맺어지는 이웃과의 관계가 있었기 때문입니다. '콩 한 알도 반으로 나누는 것'이라는 어른들의 말씀이 기억에 있는 것을 보면 나눔은 보편적인 진리라고 생각해 봅니다.

64. 베품

연말이 되면 도시 곳곳에서 구세군들이 자선냄비를 준비하고 손에 잡은 종을 흔들어 치므로 평상시에는 잊고 있었던 어려운 이웃에 대한 도움에 관심을 갖게 합니다.

베품이란 자신보다 어렵고 부족한 이에게 자신에게 있는 것을 나누는 행위입니다. 즉 내게도 필요한 것이지만 그에게는 없어서는 안 되는 것이기에 내어 주는 것을 뜻하는 것이며 그러기에 내어주는 이에게는 긍휼이 필요한 행위입니다.

어느 분은 20대 초반 빌리그레함 목사의 여의도 집회를 다니면서 헌혈을 시작했고 30대에 장기기증을 했으며, 시신기증도 하고 싶지만 아직 동의하지 못하는 가족들의 마음을 헤아리고 있는 중이라는 말을 하면서, 그는 늘 생각하는 것이 공수래공수거이기 때문이라고 합니다.

베푼다. 나는 없어도 견딜 수 있는 것이 그에게 없어서는 안 되는 것이기에 베푸는 것은 아름다운 손해가 되는 것입니다. '네 손을 넓게 펴라'는 가르침을 적용하지 않더라도 베품은 소중한 헌신일 것입니다.

65. 섬김

섬긴다. 아랫사람이 윗사람을 대하는 태도를 말하는데 그것도 마음과 정성을 다해 모시는 것을 말하는 것입니다. 곧 나보다 나이가 많은 이, 즉 노인이나 어른이라 할 수 있는 위치에 있는 이거나 직책상 윗자리에 있는 이에 대한 자세인 것입니다.

하지만 우리가 생각할 것은 나이와 직책이 아닌, 다른 부분에서 나보다 더 유능한 사람에 대한 자세도 그래야 한다는 것입니다. 사람의 심리 중 상대에게서 나보다 못한 부분을 근거로 낮게 보는 경우도 있지만 달리 생각해 본다면 상대도 나에 대해 그럴 수 있으므로 상대하는 이를 섬기는 자세가 필요하다는 것입니다.

어른들께서 '아이에게도 배울 것이 있다'는 말씀을 들었습니다. 때로는 아이의 생각을 들으면서 놀랄 때도 있었습니다. 그래서 배움은 나이와 관계가 없다는 말도 있는 것이니, 그것을 근거로 상대를 존중하고 섬기는 자세가 필요합니다. 더불어 섬기고자 하는 이에게 꼭 필요한 자세는 겸손임을 기억해야 합니다. '초대 받으면 윗자리에 먼저 앉지 말라, 후에 부끄러움을 당할 수 있다.'는 교훈도 기억해야 할 것입니다.

66. 엄격

언제부터인가 ‘내로남불’이라는 말이 회자되고 있습니다. 그러나 그들의 다툼을 보면 자신을 변호하려고 상대를 공격하여 곤경에 빠뜨리고 자신을 공격할 자신감을 빼앗는 방법으로 사용하고 있다는 것입니다. ‘내로남불’이 회자되는 이유는 무엇일까요? 그것은 ‘엄격의 잣대’가 상실된 까닭입니다. ‘뭐 묻은 개가 뭐 묻은 개를 나무란다.’라는 말도 ‘엄격의 잣대’보다 자신에게 있는 사적인 잣대로 정리하려는 데서 드러나는 문제입니다.

스스로를 엄격의 자로 재고, 스스로를 엄격의 저울로 달아본 후 타인에게도 같은 저울로 무게를 달고 같은 자로 길이를 재는 것이 옳은데 그것이 쉽지 않은 것 같습니다. 동일한 저울추와 동일한 자가 필요한 것은 누구나 자신의 입장이 우선되기 때문입니다. 그러므로 동일한 저울과 동일한 자는 장사꾼에게만 필요한 것이 아니며, 분명한 것은 엄격함을 나로부터 시작하고 자신을 다스리는 것이 우선해야 한다는 것입니다. 때로 시간이 걸려도 그 결과의 판단은 제 삼자들에 의해 드러나기 때문입니다.

67. 장애물

인생을 살면서 누구나 이유와 원인을 다른 곳에 돌리고 싶은 그런 원치 않는 장애물을 만났을 것이며 또한 살아갈 동안 적지 않은 장애물을 만나게 될 것입니다. 물론 처음에는 스스로를 응원하며 해결하려는 노력을 하겠지만 그럼에도 그 기간이 길어지고 마음과 몸이 지치면 의욕도 상실하게 되고, 결국은 포기하기도 할 것입니다.

하지만 포기할 때 하더라도 할 수 있는 데까지는 해야 하는 것, 그것이 장애물을 대하는 사람의 자세이니 큰 벽을 만나면 넘어가려는 노력도 하고, 돌아갈 수 있는지 찾아보기도 하며, 무너뜨릴 수 있는지 고민하기도 하는 것이니, 곧 미리 염려하고 할 수 없을 것이라며 포기하는 자세는 옳은 자세가 아닙니다.

포기란 더 이상 방법이 없다고 판단될 때 하는 것이어야 합니다. 그래야만 스스로 후회하는 일이 없으며 포기하면서도 노력한 부분을 통한 보람도 얻게 되는 것입니다. 예측은 필요합니다. 그러나 미리 염려와 걱정을 앞세우는 것은 인생길에서 가장 무서운 적입니다.

68. 흔적

사람은 사는 동안의 흔적을 남깁니다. 그 흔적을 경력이라 하기도 하고 추억이라 하기도 하지만 때론 잊고 싶은 아픔일 수도 있을 것입니다. 흔적이 있다는 것, 누구에게나 자신의 사연은 흔적이 되어 살아있는 동안 지워지지 않습니다. 잠시 기억 속으로 넣어두었을 뿐입니다.

흔적을 희랍어로는 '스티그마'라고 하는데 스티커라는 말의 어원이기도 합니다. 곧 스티커란 증거, 흔적을 남겨 놓는다는 것이며 이 말은 문신이라는 말로도 표현됩니다. 자신의 육체에 깊이 새겨 넣는 것, 지우려고 해도 지워지지 않는 것, 이것이 문신이고 흔적이며 스티커인 것입니다.

우리가 살아가면서 자신의 삶을 다듬기 위해 애를 쓰는 것, 다른 이들과의 관계를 불편하지 않도록 유지하려 하는 것은 그 흔적이 자신의 존재감이 되기 때문입니다. '나'를 어떤 모습의 인생으로 남게 할 것인가? 누군가 나를 기억할 때 나를 어떻게 기억할 것인가? 그러므로 늘 조심스럽게 자신을 관리해야 할 것입니다. 특히 지도자의 위치에 있다면 더욱 그러할 것입니다.

69. 자투리

어릴 적, 교복의 무릎이 헤지면 어머니는 자투리 천을 덧대기워주셨습니다. 그 시절에는 모든 것이 부족한 시절이기 때문이기도 했지만, 아무렇게나 버려질 수 있는 작은 천 조각을 어른들은 절약하는 생활의 지혜로 삼으셨던 것입니다.

요즘은 모든 것들이 넘쳐나기에 그렇겠지만 아무렇게나 버려지는 것들이 우리 주변에 많이 있음을 볼 수 있습니다. 그러나 물질에 관한 것 뿐 아니라 우리 주변을 자세히 살펴보면 버려지는 작은 자투리들이 많이 있는 것을 알 수 있는데. 그 중에 중요한 것은 시간의 자투리입니다. 아마 실수였다고 할 것이 있다면 잘못된 시간 관리일 것입니다.

대중교통을 이용하며 읽었던 책의 권수가 상당했던 것을 기억합니다. 어쩌면 필자가 작가의 길을 걷게 된 것에 가장 큰 영향력을 끼친 것이 바로 시간의 자투리를 책에 쏟았기 때문일 것입니다. 한 분야의 전문가들은 자신의 자투리 시간까지 지혜롭게 사용한 사람들이라는 것을 잊지 않았으면 좋겠습니다.

70. 저울

저울의 기능은 무게를 재는 것입니다. 그러므로 저울이 저울 되게 하는 기준은 보편성과 객관성입니다. 그 무게를 재는 일에 있어서 크기나 내용물 또는 가치가 저울이 무게를 가리키는데 영향력을 끼치면 안 됩니다. 그것은 그것을 관계하는 이들이 알아서 할 일이지 저울이 그것을 살피고 따질 필요는 없는 것입니다.

성경에 '너희는 추가 다른 저울을 사용하지 말라' 청평이라는 저울이 있습니다. 한쪽에 추를 얹고 반대쪽에 물건을 얹어서 무게를 맞추는 저울로서 법원에 있는 정의의 여신이 들고 있는 저울입니다. 이 저울은 아주 작은 무게까지 예민하게 표시하기 때문에 무게가 정확하지 않으면 무거운 쪽이 아래로 내려가므로 신중을 기해서 양을 맞추어야 합니다. 지금은 전자저울이 대세이지만 그렇습니다.

저울이 관계성에 휩쓸려 좌로나 우로 흔들리면 안 되는 것처럼, 우리의 마음에 있는 저울도 보편성과 객관성을 유지하며 관계성에 흔들리지 않도록 하는 것은 자신의 생활에 가장 필요한 자세일 것입니다.

71. 부정

우리의 생활에서 우리를 힘들게 하는 것 중 부정이라는 것이 있습니다. 어떤 사람은 주어진 상황을 앞에 놓고 습관처럼 부정적인 것을 먼저 생각하기도 합니다. 문제는 부정은 절망을 낳고 절망은 삶의 방향성을 잃게 하기에 결코 바람직한 자세는 아니라는 것입니다.

더구나 부정은 인내의 가장 큰 적이어서 헤쳐 나가고자 하는 의욕을 상실하게 하며 의욕 상실은 자신의 인격을 학대하는 도구가 될 뿐 아니라 스트레스의 씨를 심어주고 분노라는 싹을 틔워 일상의 모든 것을 회피하게 하거나 불안과 불만으로 대하게 한다는 것입니다.

남해의 독일 마을에 파독 노동자들을 기념하는 곳이 있습니다, 그곳에서 의미의 글을 보았습니다. '빛을 이길 어둠은 없으며 끝나지 않을 어둠도 없다.' 이 말을 하던 그들은 지하 천 미터의 깊이에서 탄을 캐는 광부들이었습니다. 그러므로 혹 부정적인 문제를 만나더라도 그 부정 가운데서 긍정을 찾는 지혜가 필요합니다. 쥐구멍에도 볕들 날은 있기 때문입니다.

72. 긍정

필자의 세 번째 시집 제목이 '바다에 그늘은 없다'입니다. 인생을 항해라고 한다면 우리가 시원하다고 느끼는 그늘은 잠시 구름이 우리 머리 위에 있을 때와 섬에 머무는(휴식) 시간뿐이기 때문입니다. 이같이 우리가 살아가는 인생을 계산해보면 즐겁고 기쁘며 행복한 시간보다 힘들고 어렵고 슬픈 일의 시간이 더 많습니다.

그것은 여행의 즐거움보다는 여행 준비와 정리에 쏟는 수고의 시간이 더 많은 것과 같은 이치입니다. 그러나 여행에서 얻는 기쁨이 아름다운 추억과 함께 생활의 활력을 얻게 한다는 것 때문에 우리는 그 과정의 수고를 기꺼이 감당하는 것이지 만일 여행에서 얻는 것이 없는 수고뿐이라면 누구라도 포기할 것입니다.

긍정의 자세란 그렇습니다. 사막의 오아시스를 찾는 것 같은 것이 인생이지만 그럼에도 나를 나 되게 하기 위하여, 긍정의 자세는 필요한 것입니다. 긍정은 이해라는 씨를 심으면 배려가 자라나서 피는 꽃의 이름입니다.

73. 수지맞다

우리는 생각지도 않았던 무엇을 얻었을 때 '수지맞았다!'라고 합니다. 하지만 그럴 때는 '횡재했다.' '재수 좋다.'라고 해야 맞는 말입니다. '수지맞다.'는 말은 수입과 지출이 맞았다는 뜻이니 즉 본전이라는 말이기 때문입니다.

그러나 생각해 보면 본전은 없습니다. 수입과 지출이 맞아떨어졌더라도 그 사이에 있는 여러 가지 정황들, 곧 행사라든가, 모임이라든가, 그런 저런 목적을 이루고 난 후에 결산에서 수지가 맞으면 계획대로 된 것이지만 그 과정에서 얻는 나름의 경험적 소득이 있기 때문입니다.

따라서 우리는 분명 수지맞은 존재입니다, 바로 인생이라는 과정에서 얻는 것이 수지맞는 것이기 때문입니다. 빈손으로 태어나서 빈손으로 가는 것, 그러므로 누구나 같은 길을 걷는 것은 아님에도 개인적인 삶의 모양들 속에서 수지가 맞아버리는 것입니다.

물론 살아가는 동안의 여러 가지 일들은 그 사람의 흔적으로 남을 것이지만 결코 손해 보는 인생은 없을 것이기에 삶의 환경을 한탄하거나 불행하다고 할 일도 없는 것입니다.

74. 흉내 내기

모방이라는 말이 있습니다. 어릴 적에 흉내 내기 또는 따라하기라는 게임을 했던 기억이 나는데 그것이 모방하는 게임입니다. 누군가를 모방한다는 것, 그것은 모방의 대상이 있으므로 가능한 일입니다.

어린이들에게 장래의 꿈을 물으면 누군가를 대상으로 놓고 대답합니다. 그 아이가 보기에 그 대상의 살아가는 모습이 대단하다고 여겨졌을 것이며 따라서 자신도 그와 같이 되고자 하는 꿈을 꾸는 것이니, 필자 역시 어릴 적에는 누군가가 나의 대상이었습니다.

세월은 나에게 '모방의 대상이 되어야 한다.'고 합니다. 그런데 말처럼 쉽지 않습니다. 무심하게 세월만 먹고 살았나, 싶은 아쉬움이 내게 있어 참 부끄럽게 살았다는 자책도 하면서, 그럼에도 아직 누군가의 모방거리가 되고 싶습니다. 누군가에게 좋은 쪽, 도움 되는 쪽으로, 그러기 위해 칠순을 바라보는 나이에도 말 한 마디, 행동 하나라도 생각하며 조심스럽게 하려고 애를 쓰는 중입니다.

필자 역시 아직도 누군가를 대상으로 삼고 있기에 그렇습니다.

75. 기대

기대한다. 이 말은 자신이 다른 사람에게, 또는 환경이나 형편에서 나타날 결과에 대한 희망을 말하는 것입니다. 특히 부모가 자녀에게 바라는 기대는 세상 모든 것과 바꿀 수 없는 희망일 것입니다. 잘 되었으면, 잘 풀렸으면, 좋은 결과가 되었으면, 성공했으면, 이런 것들입니다.

그런데 이 말을 다른 관점에서 보면 기대고 싶다는 의미가 되기도 합니다. 즉 어떤 결과를 희망한다는 것은 그 희망에게 자신을 얹는다는 것이니, 무엇에게 도움을 받는다거나 위로와 보호를 받는다는 말이 되기도 하는 말입니다. 그런 면에서 사람들이 기대하는 부분을 보면 가족이나 믿을 만한 친구나 이웃, 그리고 사업이나 직업도 대상이 되는 것인데, 조심해야 할 기대의 대상은 물질적인 것임을 기억해야 할 것입니다. 안개처럼 사라질 것에게 기대는 것은 헛된 것이기 때문입니다.

기대는 적당히 하는 것이 필요합니다. 완벽한 기대는 없기 때문이기도 하지만 '기대가 크면 실망도 크다'는 말이 어떤 경우에는 자신에게 적용되기도 하기 때문입니다. 그럼에도 기대는 인생에게 꼭 필요한 중요한 요소인 것은 사실입니다.

76. 위로

시대가 점점 더 각박해 지고, 인정이 메말랐다고 하는 것은 그만큼 삶이 힘들기 때문입니다. 어쩌면 사회에 대한 자신의 욕구성취에 만족하지 못한 실망을 사회로 되받아치는 분노의 결과 같습니다.

상대에 대한 이해나 배려를 주변에서 보기 어려운 것과, 어떤 상황에서 분노나 짜증부터 내는 것이 그렇고, 작은 것도 자신이 손해라고 판단되면 싫어하는 것 역시 자신의 삶이 힘들기 때문일 것입니다. 그래서 사람들은 그런 문제에서 탈피하기 위해 나름의 수단을 사용합니다. 물론 다수는 건전한 방식으로 해결하지만 일부는 건전하지 못한 방식으로 사회의 문제를 일으키기도 합니다. 방화, 파손, 싸움, 난동 그리고 점점 더 늘어나고 있는 마약 사용자의 증가 같은 것입니다.

어린 시절 고향을 기억해보면, 부족하고 불편한 것이 많았던 시절이었지만 그럼에도 좋은 추억이 많았습니다. 그것은 이웃의 보살핌이 있었기 때문이라 생각하면서 참된 위로가 필요한 사회, 가정, 주변의 일상에서 우리에게 필요한 것은 측은지심이 아닌가 하는 생각을 해봅니다.

77. 마음

성공한 사람의 공통점이 있다면 어떤 것일까요? 물론 개인적인 장점들을 잘 활용하는 지혜가 있어서일 것입니다. 그러나 다수의 성공적인 삶을 사는 이들을 보면 그들은 자신의 마음을 잘 다스렸다는 것입니다.

사람이 살아가면서 가장 관리하기 힘든 것이 자신의 마음일 것입니다. 성공했다는 어느 사람이 자식에 대한 감정을 다스리지 못한 결과로 애써 쌓았던 수고의 탑이 무너지는 것을 볼 수 있었습니다. 사람의 감정이란 마음에서 나오는 것이니 그러므로 감정을 잘 관리한다는 말은 마음을 잘 다스린다는 말입니다. 대부분의 사건 사고는 순간적으로 자신의 마음에서 나오는 감정을 잘 다스리지 못한 결과가 만들어내는 문제입니다. 어쩌면 자살이라는 것도 그 중에 하나일 것입니다.

그러므로 무엇보다도 자신의 마음을 잘 관리하고 감정을 다스리는 노력은 필요합니다. 행복과 자족 또는 불행과 불만은 마음을 관리한 결과이기에 그렇습니다. 성경에 이런 글이 있습니다. '모든 것 중에서 당신의 마음을 잘 관리하십시오, 생명의 근원이 여기에서 나옵니다.'

78. 생각과 마음

이중인격이라는 말이 있습니다. 서로 대치되는 인격이 보인다는 말이지만 다른 면에서 본다면 이중인격이라기보다는 자신의 마음과 생각이 서로 다르기 때문에 드러나는 결과라고 할 수 있습니다.

생각이 도덕적이고 윤리적이라면 마음은 감성적이고 환경적이기 때문입니다. 그러기에 어떤 문제를 대하면서 갈등을 하게 되는 이유가 있으니, 곧 생각은 법적인 잣대로 판단하면서도 마음이 그렇지 못하기 때문입니다. 특히 자신과 밀접한 관계가 있는 사람의 문제일 경우에는 더욱 그럴 수밖에 없기 때문입니다.

사람들이 자식에게 바른 훈육을 못하는 것과, 누구에게는 잘못이 나에게 실수가 되는 것도 생각과 마음의 불일치 때문이니, 생각은 아님에도 마음이 끌리는 것, 따라서 생각과 마음이 늘 일치하는 것이 아닙니다.

대부분의 사람들이 마음과 생각이 대치될 경우 우선 마음으로 끌려가게 되는 것은 마음이 정에 가깝기 때문입니다. 그러나 정情은 의義를 이루는데 도움이 되지 않을 때가 많이 있습니다.

79. 문제는

사람이 살아가는데 필수적인 것은 의식주입니다. 이 외의 것들은 생활의 편리에 따라 구비되어야 하는 것이기에 정부의 정책이나 가정생활의 기초적인 문제 해결의 중심은 의식주로부터라는 것입니다.

그러므로 사람들의 기본적인 요구 역시 생활의 필수적인 것에 우선합니다. 곧 무엇도 필요하고 무엇도 필요하다는 것이며 더불어 이왕이면 더 좋은 것으로 마련하고 싶은 욕구 역시 그렇습니다. 하지만 그 모든 것을 살펴보면 문제는 한 가지이니 바로 돈이라는 것입니다. 돈만 있으면 모든 문제는 해결되는 것입니다. 그러기에 사람은 성년이 되면 수입을 위해 직업을 선택해야 하며 모든 일의 중심에 수입을 우선순위에 둘 수밖에 없는 것입니다.

그와 같이 우리가 살아가는 세상에서 만나는 모든 문제 해결의 실마리는 근원(시작점)을 찾는 것부터입니다. 드러나는 문제는 다양하다 할지라도 살펴보면 그렇습니다. 꼬인 실타래를 풀려면 그 실의 끝을 찾아 거기부터 풀어 가면 되는 것입니다. 그러므로 지금 어떤 문제가 있다면 그 문제의 꼭짓점을 찾으면 그 곁에 해결책이 있는 것을 보게 될 것입니다.

80. 침묵

‘말 한 마디가 천 냥 빚을 갚는다.’ ‘혀가 화를 부른다.’ ‘아와 어는 다르다’는 말이 있습니다. 말 한 마디가 큰 문제를 일으키고 또는 큰 응원이 되며 변호가 되고 위로가 되기 때문입니다.

때로는 농담도 그렇습니다. 웃자고 한 말도 싸움이 되거나 같은 농담이라도 비웃음이나 상대의 마음에 상처를 주는 경우가 있습니다. 때로는 무심결에 별 뜻 없이 한 말이 명예훼손이 되고 성추행이 되기도 하는데, 어떤 경우는 사과하거나 보상하는 방식으로 해결하면 되지만, 그렇지 않을 경우도 있습니다. 심지어 한 마디의 말이 온 나라를 복잡하게 하기도 하며 한 가정을 파탄으로 내몰기도 합니다. 부부가 절대로 하지 말아야 할 말의 일 순위는 ‘이혼’이라는 말이라고 합니다. 농으로라도 그렇습니다.

그러므로 어떤 상황에서는 침묵하는 것도 좋습니다. 침묵은 상대로 하여금 그 상황을 살피고 되생각하는 시간을 주기 때문입니다. 어떤 경우에는 열 마디의 해명이나 설명보다도 더 큰 능력을 나타내는 것이 침묵이라는 것이니 ‘침묵은 금이다.’라는 교훈은 진리라 여겨집니다.

81. 침묵 또는 기권

침묵은 무엇을 의미하는 것일까 생각해 봅니다. 누군가 어떤 제안 또는 행위를 할 때 침묵이 주는 의미가 긍정, 묵인, 동의라는 의미일까? 아니면 관망, 유보, 반대라는 의미일까? 하는 것입니다.

기권이 주는 의미는 무엇일까를 생각해 봅니다. 찬성일까? 반대일까? 굳이 말하라면 반대일 가능성이 큽니다. 어느 단체나 모임에서 어떤 문제나 사업에 대하여 논의한 후 실행할 때에 실패하는 이유 중 하나가 이 침묵의 이해 부족에서 나오는데, 침묵을 긍정, 묵인, 동의로 계산하기 때문입니다.

가족 간에도 그렇습니다. 입을 닫았다는 것은 그 문제에 대하여 말하기 싫다는 것을 보여주는 행위입니다. 아무리 말해도 내 말을 귓등으로 흘려보낼 것이니 말할 필요가 없다는 포기의 의사를 침묵으로 표현하는 것입니다. 그러므로 침묵, 또는 기권이란 방식을 사용하는 이들의 속내는 '그래, 네가 그 자리에 있을 때 네 마음대로 해봐! 그러면 나도 어떤 상황에서 그렇게 하겠다.'라고 한다는 것을 먼저 생각하고 그 근거를 찾아 해결하는 지혜가 필요합니다.

82. 복福

기독교에서 하는 말 중에 '기복신앙'이라는 말이 있는데, 복을 받는 일에 치우쳐 있는 신앙이라는 말입니다. 그렇다면 '기복신앙'이 잘못된 신앙일까요? 결코 그렇지는 않습니다. 다만 그 복이라는 것을 어떻게 이해하고 해석하며 받아들이느냐의 문제입니다.

복이라고 하면 사람들은 우선 무병장수, 번영, 부요 같은 것들, 즉 사람이 살아가며 누리고 싶은 욕구를 충족시켜 주는 것을 복이라고 생각합니다. 물론 그런 것들이 우리에게 복인 것은 사실입니다. 그러나 또 다른 면에서 우리가 생각하는 화라는 것도 복의 개념에 담아보면 어떨까 하는 생각을 해봅니다. 그 이유는 내가 살아간다는 것 때문입니다. 살아가기에 만나는 여러 가지 문제 중에 복과 화가 있기 때문입니다.

내 몸에 가시가(약한 부분)있으므로 스스로를 돌아본다는 옛 지혜자의 고백을 듣지 않더라도, 화로 인해 내가 깨닫고 있는 것이 있다면 우리가 받아들이는 복의 개념은 달라질 수 있을 것입니다. 자연으로 돌아가 평화롭게 생활하는 이들 다수는 질병 치료가 목적임을 본다면 그에게 있어 자연으로 돌아가게 한 그 질병이 다른 의미로 복이라 할 수 있을 것입니다.

83. 의심

의심 많은 사람이 있습니다. 아니 현대는 많은 것을 의심하지 않으면 안 되는 사회이기도 합니다. 그것은 우리가 보편적으로 사용하는 것을 악이 이용하기 때문입니다. 그러므로 의심은 좋은 선택을 위한 조심성이라고 할 수 있습니다. 물론 의심이라는 것의 정점을 어디에 두느냐에 따라 다르겠지만 그럼에도 의심에 좋은 점이 있는 것이 사실입니다.

예전에는 그렇지 않았으나 지금은 전화벨이 울리면 저장된 번호인지를 살피고, 문자를 보면서 조심할 수밖에 없도록 변해버린 세상에서는 더욱 필요한 것이 '의심'일 수 있습니다. 그러므로 의심은 일상에 없어서는 안 될 삶의 방식입니다. 물론 의심까지는 아니더라도 한 번쯤 되살펴보는 것은 필요한 일입니다.

또한 사람들이 누구를 평가할 때 '사람 좋다.'라는 말을 하는 것은 편한 사람, 성실한 사람이라는 의미이지만 달리 보면 '사람이 조심성이 없다.'거나 '생각이 부족하다.'는 것일 수도 있습니다. 이것은 사회가 그만큼 조심하지 않으면 낭패 당할 일이 있다는 반증일 것이므로 돌다리도 두드려 보는 것 같은 자세가 필요한 오늘입니다.

84. 고침

손자가 양말을 신으며 말합니다. "발가락이 보일라 그래요." 손자의 양말을 보니 구멍이 날 것 같았습니다. 문득 호롱불 아래서 양말을 기우시던 어머니의 모습이 떠오릅니다. 한 번 입으면 기우고 기우면서 삼 년을 입어야 했던 교복, 형의 것을 물려 입던 그 시절이 기억났습니다.

그러고 보니 요즈음 아이들에게 고쳐 쓰는 것은 생소한 일인지도 모릅니다. 버리고 새로 구입하면 되기 때문입니다. 하지만, 정말 고쳐야 할 것들이 보이지 않는 곳에 있다는 것을 알아야 합니다. 살펴보면 정말 고쳐야 할 것들이 생활 속에 깊이 들어와 있음을 알 수 있습니다. 우산을 가로로 들고 흔들며 걷는 사람 때문에 뒤의 사람이 찔릴 수 있을 것 같은 행동부터, 생각 없이 너무 쉽게 뱉어내는 한 마디의 말로 누군가 마음의 상처를 받는 등, 고쳐야 할 것들은 참으로 많이 있습니다.

아니, 어떤 사람은 그 잘못된 것들을 '내 마음내로 하는데 왜?'라며 정당화시키는 것까지 포함해서입니다. 너부터 라고 하기 전에 나부터이면 얼마나 좋을까요. '내 탓이라'고 말씀하신 어느 지도자의 말을 빌리지 않더라고 그렇습니다.

85. 실수

'사람이므로 실수도 하는 것이다.'라는 말이 있습니다. 누구든지 자신의 실수를 헤아려 보라고 한다면 누구도 헤아릴 자신은 없을 것이며 금방 생각나는 실수만 꼽아보라 해도 상당히 많은 횟수가 될 것입니다.

어떤 사람은 '실수를 통해 배운다.'고 합니다. 물론 그렇습니다. 실수를 통해 깨닫고 수정하며 성숙해 가는 학습적 효과를 얻음을 전재하면 그렇습니다. 하지만 실수를 통해 학습 효과를 얻지 못하고 오히려 거듭되는 실수는 못된 습관이라고 할 것이며 그런 실수는 성숙의 기회가 될 수 없습니다. 그것은 아주 못된 버릇이기 때문입니다.

개인이나 단체, 조직이나 국가도 학습을 통해 깨닫지 못하는 실수는 못된 습관일 뿐입니다. '역사를 통해 배우지 못하는 민족에게는 미래가 없다.'는 말은 개인에게도 적용되는 교훈일 것입니다. 그러므로 실수를 통해 깨달음을 얻고 자신의 생활에 적용시키는 노력을 한다면 그에게 있어서 실수란 성공을 이루는 능력이 될 것입니다.

저녁 시간, 잠자리에 들기 전 하루를 돌아보는 자세를 응원합니다.

86. 고집

세상의 모든 일은 양면성이 있습니다. 좋은 재료도 잘못 사용하면 나쁜 효과를 낼 수 있으며 나쁜 재료도 지혜롭게 사용하면 좋은 효과를 낼 수 있으니, 마약이 고통을 제어하는 진통제의 재료가 되는 것처럼 나쁘다고 판단하는 것이 좋은 결과를 만들어내기도 하는 것입니다.

고집스럽다는 것도 그렇습니다. 고집은 자신의 판단이 옳으므로 수정하지 않는다는 것입니다. 물론 그 판단이 옳다면 장려해야 합니다. 그러나 어떤 고집은 옳은 것과 관계없이 이해득실을 따릅니다. 그러므로 객관성을 벗어난 고집은 다른 이들의 마음에 부담을 주고, 자신의 인격에 흠을 내며, 일을 그르치게도 하고 손해를 입히기도 하는 것입니다.

그러나 고집의 좋은 점도 있습니다. 장인 정신, 한길을 판다라는 말에는 일관된 의지가 담깁니다. 시대를 발전시키고, 미래를 바라보게 하는 일들은 그와 같은 장인정신을 갖고 있는 고집스러운 이들의 연구와 실험이 만들어낸 결과일 것입니다. 그러므로 객관성을 담보한 고집은 필요합니다. 누구의 눈치와 관계없는 옳은 고집은 이 사회를 바르게 세워가는 공식이기도 합니다.

87. 서두름

'빨리빨리'라는 말이 사회를 이끌던 시대가 있었습니다. 빨리빨리는 성공과 성장의 방식으로 통용되던 시대였습니다. 특히 한강의 기적을 일으키고 새마을 운동의 효과적인 결과를 이끌어낸 것이 바로 이 '빨리빨리'라는 방식이었습니다.

그 '빨리빨리'가 발전을 이끌었지만 사고를 일으키기도 합니다. 그럴 수밖에 없는 것은 '빨리빨리'는 '대충대충'이라는 말을 만들었고 '대충대충'은 눈앞의 결과에 집중할 뿐 내면의 과정들을 덮어버리기 때문입니다. '빨리빨리'와 '대충대충'은 이기주의적인 사회 현상이 되기도 했습니다. 삼풍백화점, 성수대교, 광주 아파트 현장의 붕괴 사고가 그러합니다. 이익을 위해서라면 그 정도는 괜찮다는 이기주의 현상입니다.

그 가운데서 우리가 잊고 있는 것이 있다면 '빨리빨리'와 '대충대충'의 결과에 대한 예측입니다. 곧 서두름이 주는 결과는 얻는 것보다 잃는 것이 더 많다는 것이며 더구나 그 결과의 회복을 위한 수고까지 계산한다면 결코 바람직한 일은 아닌 것입니다. 이제는 '차근차근'이라는 말을 우리의 생활에 습관이 되도록 하는 것이 바람직할 것입니다.

88. 우리

'우리'라는 말이 있습니다. 우리 집, 우리가족 등 수없이 많습니다. '우리'라는 말과 '울', 그리고 '울타리'라는 말은 같은 어원인데 이 말의 뜻은 '한 곳에 어울려있다.' '같은 보호구역 안에 있다.'는 의미입니다. 또한 '우리'라는 말에는 동질성이라는 뜻이 있으니 '끼리끼리'라는 말도 같은 말이기에 사람들은 관계를 맺을 때 동질이 될 만한 것, 곧 고향이나 취미를 묻거나 하는 것으로 연결 고리를 찾는 것입니다.

그러므로 우리는 다음도 생각해야 합니다. '우리'라는 말 속에는 '너와 내가 함께'라는 말과 '모든 것을 나누고 함께 누린다.'는 것입니다. 누구는 운동장에서 선수로, 누구는 응원단으로 관중석에 있지만 그 승리와 패배를 같이 한다는 것, 서울 월드컵의 그때와 같은 환경을 말하는 것입니다.

백의민족이라는 말을 쓰기에는 시대가 많이 변했지만 예전의 우리는 이 백의민족이라는 자부심으로 일체가 되었던 역사가 있는 민족이기에, 그런 자긍심으로 더욱 '우리'라는 말이 주는 의미를 생활 속에서 드러내는 노력을 함께 한다면 내일의 우리는 더 큰 자긍심을 누리는 우리가 될 것입니다.

89. 격려

교육적으로 훈계와 지적보다 더 좋은 효과를 내는 말이 격려와 응원이라고 합니다. 곧 같은 의미의 말을 하더라도 부정적인 말보다는 긍정적인 말 한 마디가 더 큰 효과를 나타낸다는 것입니다.

어려운 일을 당했을 때 당사자보다 힘든 사람은 없으며 당사자보다 괴로운 사람도 없을 것입니다. 그래서 '네가 나 되어보라'는 말도 있는 것이니, 곁에서 훈수 두는 것처럼 말하는 것은 온당하지 않습니다. 누군가 힘들어 하거나 괴로워하거나, 누군가 외로워하고 슬퍼할 때 우리가 쉽게 하는 말 중 실수하는 말은 '다들 그렇게 산단다.' 또는 '너만 그런 것이 아니다' '그 정도 가지고 뭘 그러니'와 같은 말일 것입니다.

응원이라는 말이 있습니다. 상대에게 힘을 북돋아 주는 것을 말합니다. 격려는 응원과 같아서 처진 어깨를 세우는 능력이 있고 지친 마음을 일으키는 힘이 있습니다. 오늘도 가족에게, 이웃과 친구에게 건네는 한 마디의 격려가 듣는 사람으로 하여금 힘 있는 하루를 보내게 할 것입니다.

90. 관심

'왕따 당한다.'는 속어가 있습니다, 어떤 무리에 속해있는 것은 맞는데 그에 적당한 대우를 받지 못하면서 그 무리를 벗어나지도 못하는 상황을 표현하는 말입니다.

사람이 삶의 회의를 느끼게 되는 원인 중 하나가 외톨이가 되었다는 것을 느끼게 될 때라고 합니다. 곧 무관심 당한다는 것, 이 사회에서, 무리에서 따돌림 받는 다는 것이 주는 답은 자신이 불필요한 존재라고 느끼는 것이니, 삶의 의욕을 제거 당하는 상태가 되는 것입니다.

아이들이 떼를 쓰거나 문제를 일으키는 것도 무관심이 원인이 되는 경우가 많다고 합니다. 동물도 자기에게 관심을 주면 좋아하는 것이니 그러므로 우리의 일상에서 상대에 대한 관심은 중요한 삶의 방식입니다.

따라서 그 사람의 직업, 취미, 생활 방식 등을 살펴서 그에 따라 적당한 관계를 유지한다면 자신과 관계를 맺는 이들을 통해 모두에게 부드러운 마음을 소유하게 될 것입니다. 물론 지나친 관심은 불필요한 오해를 일으키기는 것이므로 조심해야 하지만 그렇습니다.

91. 칭찬

일일일찬 운동이 한동안 우리 사회에 있었습니다. 하루에 한 번은 누군가를 칭찬하자는 운동이었습니다. 어떤 이는 적어도 하루에 세 번의 칭찬을 하는 것이 좋다고 하기도 했습니다.

칭찬의 음색은 어떤 것일까요? 부드럽고 따뜻하며 은은할 것입니다. 그래서 아직 말귀가 부족한 아기들도 그 음색으로 자신이 보호받거나 사랑 받는다는 것을 알아차린답니다. 어떤 경우에는 독하거나 차거나 매운 말 속에서도 상대가 주는 관심과 사랑을 느끼기도 한다니, 어쩌면 매몰찬 말 속에도 따뜻한 음색의 흐름이 있기 때문에 그 말의 느낌에서 상대의 마음을 느끼게 된다는 것입니다.

윤활유가 있습니다. 모든 동력에 없어서는 안 되는 제품입니다. 따라서 동력 장치는 적당한 시기에 윤활유를 보충하거나 교환해 주어야 기계의 마모를 방지하고 고장을 예방하는 것입니다. 이와 같이 생활 속에서의 칭찬은 꾸지람보다 효과적인 윤활유이므로 생활의 동력을 유지하고 더욱 긍정적인 활동을 하도록 도와주는 방법으로는 칭찬만큼 효율적인 윤활유는 없을 것입니다.

92. 과하다

어른들의 말씀 중에 '과한 것은 모자람보다 못하다.'라는 말이 있습니다. 과하다는 말은 '정도에 지나치다.' '분에 넘치다,'라는 말이니 넉넉하면 여유가 있어지지만 그 넉넉함이 도를 넘어가면 그에 따른 불필요한 결과가 드러나는 경우가 있다는 것입니다. 사람이 거만하다거나 교만하다는 것도 과함이 원인일 수 있습니다.

또한 폭행과 횡포는 강한 자와 많이 소유한 자에게서 나오기에 사람들은 억눌림을 받지 않기 위해 강한 자, 있는 자의 위치에 소속되기 위한 수고를 아끼지 않는 것입니다. 그러나 과한 것이 자신을 바르게, 의롭게 하는 것에는 큰 도움이 되지 않을 것입니다. 때로 그 있는 것으로 선을 베푸는 이들이 있으나 그보다는 과시하는 이들이 더 많은 것을 보면 보편적으로 그렇다는 것입니다.

과식이 건강을 해치는 것처럼, 과한 것은 자신의 삶을 해치는 결과를 만들 가능성이 많으므로 적낭함을 추구하는 자세가 삶을 더 평화롭게 해줄 것입니다.

93. 다음

마음에 무엇을 결정하면 그것을 행동에 옮기기 전에 그 다음을 생각하는 것은 중요합니다. '이렇게 하면 어떤 결과가 될 것인가'하는 예측을 하는 것이니 그렇게 하는 것이 지혜로운 생활 방법입니다.

사람의 실수는 대부분 다음을 생각하지 못함으로 나타나는 결과입니다. 특히 감정에 잡히거나 분위기에 휩쓸릴 때에 그 다음 결과를 생각하지 못하는 실수를 많이 하는데 '내가 이런 말을 하고 나서는…' '내가 이 일을 하고 나서는…' '이것을 이렇게 한 후 이런 현상이 나타난다면…' 등의 예측을 하지 않는 것입니다.

후회란 다음을 생각하지 않음으로 나타나는 결과입니다. '나중에야 어떻게 되던지 지금은.' '될 때로 되라지.'라는 감정에 이끌려 행동하는 것은 다음을 포기 하는 것이니 곧 자신의 삶을 스스로 해코지하는 것입니다.

그러므로 지금 이후 자신의 인격이 흐트러지고 다른 이와의 관계를 단절시키고 더 큰 손해라도 감내하겠다는 결심이 서지 않는 한, 스스로 어떤 말과 행동을 실행하기 전에 현재의 상황과 분위기를 살펴보며 그 다음의 경우를 생각하는 지혜가 필요합니다.

94. 기다림

삶이란 기다림의 연장입니다. 하나의 기다림이 끝나서 추억의 곳간으로 들어가면 또 다른 기다림이 있고, 우리는 다시 그 기다림 속에서 생활하게 되는 것입니다. 우리가 사용하는 말 중에 희망이라는 말이 있는데 '간절히 바라는 것'이라는 말입니다. 그러므로 희망은 기다림의 또 다른 말입니다. 기다림 없는 희망은 없기 때문입니다.

그러나 기다림이 있는 사람은 기다림을 무너뜨리려는 지루함도 곁에 있다는 사실을 기억해야 할 것입니다. 지루함은 포기라는 단어를 주입시키려 합니다. 따라서 기다림의 성취를 위해서라면 그 지루함을 이기는 노력이 함께 있어야 하며 우리는 지루함을 이기는 방법으로 인내라는 무기를 사용하는 것입니다.

그리고 인내의 동지는 결단력입니다. 결단이란 마음을 다잡는다는 말이니 지루함을 이기려면 마음을 다잡고 인내하는 수고를 해야 하는 것입니다. '인내는 쓰나, 그러나 그 열매는 달다.'는 말을 굳이 빌려오지 않아도 그렇습니다.

95. 추억

지금은 스마트폰이라는 것이 있어서 쉽게 필요한 부분을 흔적으로 남겨 놓습니다. 한때는 여행지마다 사진사가 있었습니다. 남산에도 있었고 덕수궁에도 있었습니다. 특히 학생들의 수학여행지에서는 사진사들의 경쟁도 대단했었습니다.

지금은 폰으로 찍은 후 컴퓨터에 저장해 놓고 필요할 때 찾아보기도 하고 프린트도 하지만 예전에는 사진첩이라는 것이 있어서 그곳에 모아두고 그 중 좋거나 필요한 사진은 벽에 걸어 놓고 틈틈이 그 사진을 보면서 그 시절을 이야기 거리로 삼아 훈훈한 시간을 보내곤 했습니다.

기록의 어떤 일 중에 언젠가 되돌아볼 필요성이 있는 것을 흔적으로 남겨두는 방법이며, 추억이란 언젠가 그 무엇에 대한 기억입니다. 여행을 하다가 문득 어떤 현상이나 모습을 보게 되면 언젠가 그곳을 다녀갔다는 기억이 떠오르기도 합니다. 추억이란 것은 기억 속에 저장되어 있다가 그 흔적이나 그와 닮은 무엇을 볼 때 솟아나는 것입니다.

그러므로 오늘, 지금, 만나고 행하는 모든 것들이 좋은 추억을 만드는 일들이 되었으면 좋겠습니다.

96. 손바닥

내 몸의 지체 중에서 가장 많은 수고를 하는데 비해 가장 존중받지 못하는 지체는 어디일까를 생각해 보았습니다. 하긴 내 몸 어딘들 귀하지 않은 곳은 없고 필요 없는 지체도 없지만 문득 떠올랐기 때문입니다. 그렇게 보니 유독 다른 지체보다 보호를 받지 못하는 부분이 있는데, 손바닥이었습니다. 손바닥이 필요하지 않는 곳은 없습니다. 나를 위한 모든 행위에 처음부터 마지막까지 손바닥이 사용되지 않은 곳은 없습니다.

그런데, 발을 보호하기 위해 양말을 신겨주고, 머리를 감고 빗어주며, 옷맵시를 다듬어 주고 손뼉을 쳐주며 악수를 나누는 수고를 하지만 그 손바닥은 크림을 손등까지 발라주고 나서 휴지 한 장으로 닦아냄을 당하고 있으니 결국 손바닥이 얻는 것은 아무것도 없이 오직 봉사만 끝없이 하는 지체였던 것입니다.

손바닥은 자신을 드러내지 않으면서 모든 지체를 보듬는 존재이니, 어느 모임에서나 그런 지체 같은 이가 있다면 그 모임은 더욱 아름다운 모임이 될 것이라 여겨집니다. 아니 자신이 먼저 그런 지체 같은 존재가 된다면 스스로에게 큰 보람을 주는 기회가 될 것입니다.

97. 혀

어느 날 음식을 먹다가 모래 알 하나 때문에 모든 음식을 뱉을 뻔했는데 혀가 도와주어서 음식을 뱉지 않고 그 모래알만 골라낸 경험을 하면서 우리 지체 중에 혀만큼 예민한 지체도 없다는 생각을 했습니다.

혀에게는 중요한 두 가지 기능이 있습니다. 하나는 음식을 잘 먹을 수 있도록 도와주면서 입 안의 불순물을 골라내는 기능이며, 다른 하나는 소통을 위해 사용하는 언어를 다스리는 기능입니다. 그러나 혀의 놀림이 우리 몸의 건강을 위해 전달되는 음식에 대해서는 철저하게 그 내용물과 맛과 양을 분별하여 관리하고 있으나 그 혀를 통해 밖으로 나오는 언어는 그렇게까지 관리하지 못하고 있다는 것입니다. 그러기에 '혀를 잘 놀려야 화를 면한다.'라는 말이 있는 것입니다.

따라서 혀를 잘 관리하기 위해서 먼저 해야 할 것은 감정의 평상심을 유지하는 노력입니다. 평상심을 잃으면 표정과 행동뿐 아니라 혀의 사용까지 원치 않는 방향으로 나타날 수 있습니다. 네 입의 말이 너를 정죄하기도 하고, 보호하기도 한다는 것은 진리입니다.

98. 격格

격格이라는 말이 있습니다. 이를 다른 말로 '틀'이라고 하는데 '틀'이란 짜여 있는 어떤 규격, 모양을 말하는 것으로서 정해진 규칙은 아니나 지켜야 할 이유가 있는 자세의 하나입니다. 어떤 관계는 서로에게 열린 관계이므로 격의 없어도 된다고 하지만 그럼에도 그런 사람들 사이의 관계도 자세히 보면 나름의 격이 존재하고 있음을 알 수 있습니다.

그러므로 가까운 사이일수록 격식을 갖추는 자세는 필요합니다. 때론 격의 없는 어울림이 있을 때가 있으나 그럼에도 나름의 격을 갖추는 것이 필요합니다. '격이 없다.'라는 말이 '버르장머리가 없다'가 되기도 하기 때문입니다. 격格은 상대와의 관계를 적절하게 해주는 자세로서 상대를 존중하는 모습입니다.

격格은 이 사회를 바르게 세울 수 있는 중요한 틀로서 우리 모두가 이 격을 잘 지켜나간다면 사회는 밝고 깨끗해질 것입니다. 따라서 격格은 나를 나답게, 당신을 당신답게 그리고 사회를 사회답게 만드는 의식입니다.

99. 평범

평범하게 산다는 것, 사람이 살아가면서 가장 자기 관리에 힘든 부분일 것입니다. 평범하다는 것은, 사회생활에서 뛰어나지 않고 튀지 않으며 쳐지지 않고 말거리 되지 않으며 공격의 선두가 되지 않고 먼저 뒤로 물러나지 않는 것이기 때문입니다. 따라서 평범은 어느 누구와는 격의 없고 어느 누구와는 담을 쌓는 것이 아니라 모두에게 적당한 관계를 유지하는 것이니 더더구나 자기 관리에 집중할 수밖에 없는 일이며, 늘 조심스러운 자세를 갖추어야 할 문제인 것입니다.

이 글을 쓰면서 저의 첫 번째 시집 《붉은 구름이고 싶다》에 수록한 한 편의 시를 소개해 드립니다.

문단에 서서 고정현

논쟁으로 적을 만드는/ 그곳에 끼어드는 내가 밉다.
다르기에/ 어울림이 필요한 것을/ 이제야 깨닫는 내가 밉다.

끼어들지 말고/ 주장하지 말며/ 논쟁하지 말자
이 결심을 하고서야/ 글과 놀이를 하고 있다.

100. 평범 2

사회가 다변화되므로 수많은 직업군이 사회에 존재합니다. 예전에 생각하지 못한 직업이 정당한 직업으로 인정받고, 따라서 자신이 인생을 걸만한 직업을 찾는 수고도 의무처럼 감당하는 시대가 되었습니다.

사회인으로서 한 가정의 가족으로서 어떤 직업을 택할 것인가 하는 것은 가족과 자신의 삶에 큰 영향을 줍니다. 그러하기에 자신의 능력과 재능뿐 아니라 그 직업을 통해서 바라는 행복을 누릴 수 있을 것인가를 생각하는 것은 중요합니다. 좋은 직업, 직장이란 사회적 지위를 쫓는 직업이나 부를 충족하기 위한 직업, 또는 가족의 희생을 요구하는 직업이 아니라 삶의 질을 윤택하게 할 수 있으며 가족이 누릴 필요 부분을 얻을 수 있기에 적당한 것인지, 하는 요건이 우선이어야 합니다.

생각하건대 행복한 삶이란 평범으로 세우는 삶을 의미할 것입니다. 특별나게 드러나지 않아서 부드러움을 얻고 특별나게 거스르지 않아서 누림을 얻는 것, 그리고 부의 척도와 사회적 위치에 끌려가지 않는 자유스러움을 얻을 수 있는 직업이 가장 좋은 직업일 것입니다.

101. 꿈

꿈을 꾸지 않는 사람은 없는데, 어떤 이는 꿈자리가 사납다고 하며 어떤 이는 꿈자리가 뒤숭숭하다고 하고 어떤 이는 꿈자리가 좋아서 그런가? 하고 어떤 이는 어젯밤에 좋은 꿈을 꾸었다고 합니다.

꿈에 예민한 사람들이 있습니다. 좋은 꿈을 꾸면 무엇이 이루어질 것처럼 생각하고 즐거워하지만 나쁜 꿈을 꾸면 안정을 찾지 못하고 걱정하며 지내는 사람이 있는데, 그것은 결코 좋은 생활 방식이 아닙니다.

필자는 꿈에 관심을 두지 않아서 그런지 잠자리에서 일어나면 꿈을 꾸었나보다 하는 정도로 여깁니다. 꿈을 이야기하는 사람에게 꿈은 꿈일 뿐이니 깊게 생각하지 말고 좋은 꿈을 꾸었으면 긍정적으로 살고 부정적인 꿈을 꾸었으면 바르게, 성실하게 살면 될 것이라는 말을 합니다.

꿈은 해몽하기 나름이라는 말이 있습니다. 그러므로 지난밤의 꿈이 좋지 않아서 신경이 쓰인다 할지라도 그 날을 조심하며 성실하게 생활한다면 그로 인해 더 좋은 날로 만들 수 있습니다.

아! 미래를 꿈꾸는 것은 필요한 것이기에 장려해야 할 것입니다.

102. 바쁨

시간이 돈이라고 합니다. 어른들께서 우리에게 교훈하시는 말씀도 '일찍 일어나는 새가 먹이를 먹는다.'고 하셨고, 어떤 어른은 죽으면 썩을 몸을 아껴서 무엇하느냐고 말하기도 하셨습니다.

시간이 돈이라는 말은 부지런하면 소득이 많다는 말이니 어른들의 말씀이 진리인 것은 확실합니다. 지금도 두세 가지의 직업을 통해 소득을 올리는 사람들이 많은 것을 보면 그렇습니다. 물론 그만큼 삶의 여유가 없어진 탓도 있지만, 그렇습니다.

그런데, 나이를 먹을수록 해야 할 일과 하고 싶은 일은 많아지고 무슨 일을 하다보면 어느새 하루가 지나가니, 능률은 오르지 않고 시간은 부족하기만 합니다. 입에 늘 바쁘다는 말을 하면서 부지런을 떨어보지만 돌아보면 성과가 없는 것 같아 조급해지는 것도 나이 탓일 수 있지만 그보다 바쁜 것은 마음의 요구가 더 많기 때문이기도 합니다.

하지만 바쁘면 서두르기 마련이고 서두르면 일이 헝클어지기 쉬운 법이므로 조금의 여유라도 있는 것이 필요합니다.

103. 경솔

살다 보면 원치 않는 실수를 하게 됩니다. 그 실수의 원인을 보면 대부분 자신의 경솔에 의해서 일어나는 일입니다. 그리고 경솔의 뒤에는 조급함이 있습니다.

사람이 말을 하려다가 가슴부터 치는 것은 하고 싶은 말은 분수처럼 치오르는데 입이 따라주지 않아서이며, 어떤 사람은 무엇을 하다가 아차! 하는 것 역시 조급함에서 나오는 일입니다. 그러니 경솔은 실수의 씨앗이라 해도 될 것입니다.

경솔할 수밖에 없는 이유, 즉 급하다는 이유는 무엇 때문일까를 생각해 봅니다. 일을 미루다 급해지는 것과 너무 바쁜 것 때문이니 일이 밀리고 기한이 되거나 일이 많으면 급해지게 마련이고 급하면 경솔해지게 되는 것입니다.

그러므로 우리가 살펴야 할 것은 급할수록 마음은 차분하도록 관리하는 것입니다. 경솔은 보이는 상황을 파악하는데 방해일 뿐, 도움이 되지는 않습니다. 따라서 급할수록 천천히 전반적인 것을 살펴보고, 실행하는 자세가 필요합니다.

104. 항상

'항상'이라는 말에는 '언제든지, 변함없이'라는 의미가 있습니다. 신뢰를 얻을 수 있는 방법은 '항상'이 자신의 자세가 되어있어야 한다는 것이며, 그럴 때에 그 '항상'의 분량만큼 대우를 받게 됩니다.

우리가 살아가는 세상은 늘 변화하므로 그 변화에 적응하는 것이 지혜입니다. 그럼에도 변하지 말아야 할 것은 자신이라는 존재이며, 이는 나침반의 바늘이 항상 남과 북을 가리키고 있어야 하는 것과 같은 이치입니다. 그런데 그 나침판도 이기지 못하는 것이 지남철인 것처럼 사람의 '항상'이 상황에 따라 변하는 것은 옳지 않습니다. 흔히 철새 같다는 말이나 한동안 정치판에서 돌던 '사쿠라'라고 하는 말은 상황에 따라 변하는 사람을 일컫는 말입니다. 인정이 메말랐다는 말과 물질만능 세상이라고 말하는 것도 그만큼 지남철 역할을 물질이 하고 있다는 말입니다.

사람이 아침과 저녁이 다르고 이쪽과 저쪽의 모습이 다르다면 그는 결코 신뢰할 사람은 아닙니다. 그러므로 형편이, 주변상황이 변했다 해도 자신의 자세는 '항상'을 지키는 것이 나의 됨됨이를 드러내는 것입니다.

105. 단숨에

'단숨에'라는 말이 있습니다. '숨을 한 번 들이쉬고 내쉬는 그 사이' '단번에' '쉬지 않고 곧장' 이라는 말이니, 곧 한 번에 해낸다 하는 것과 무엇을 끝낼 때까지 쉬지 않고 하는 것을 말하는 것입니다.

그런데 뒤를 돌아보니 내 살아온 인생의 날들이 그 단숨보다 짧다는 것입니다. 어느 책에 인생이란 '이슬이 햇볕에 마르는 순간 같다.' 했으니, 세월이 우리에게 가리켜 주는 것은 '헛되다'라는 것 같습니다. 그러나 그 단숨을 아주 예민한 확대경으로 보면 거미줄 같은 삶의 모양들이 엉켜 있습니다. 바람과 비는 흘러가게 하면서 자신의 먹이는 거미줄에 걸리게 하는 것처럼, 우리의 일생도 그랬던 것입니다.

그러기에 노인들이 시간을 보내는 방법이 추억을 끄집어내 햇살에 말려 뽀송뽀송하게 한 후 친구들에게 자랑스럽게 이야기하는 일인가 봅니다. 종로3가역이나 낙원상가 주변, 경로당에서 하루를 보내는 어른들처럼 말입니다. 그러니 아옹다옹할 필요도 허둥지둥, 허겁지겁할 이유도 없어 보이는 것이 우리의 삶이라는 생각이 드는 시간입니다.

106. 골방

누구나 감추고 싶은 것이 있습니다. 사회가 발전하고 행동 범위가 넓어질수록 비밀스러운 일들도 많아지는 것은 곧 비밀스러운 일을 할 수 있는 방법이 다양해지고 감추는 방식도 여러 가지이기 때문입니다. 물론 알면서 쉬쉬하는 비밀도 있지만 공개되지 않으면 그것은 비밀입니다. 하늘이, 땅이, 자신이 아는 것이라지만 드러나지 않고 흔적조차 찾기가 어려운 비밀은 있을 것입니다.

골방, 지금 필요하지 않은 것이나 아무도 모르게 할 것을 넣어 두는 곳, 어둡고 침침하며 우중충하고 으스스한 곳. 그것이 우리가 인식하는 골방이지만 누구에게는 중요한 곳간이기도 합니다. 혼자 간직하고 싶은 추억, 또는 중요한 계획 같은 것들을 간직하므로 평안하고 안심할 수 있는 장소이니, 드러내야 할 시기를 저울질하는 동안은 그 골방 안에 두어 갈무리하기 때문입니다.

그러기에 누구나 그런 골방 하나는 있기를 기대해 봅니다. 특히 신앙인에게는 섬기는 분과 오롯한 교제를 나누는 공간으로 활용하기 위해서라도 골방 하나는 두어야 할 것입니다.

107. 휴식

현대인들이 겪는 질병 중에는 정신적인 부분에서 전이되는 질병이 많아지고 있습니다. 흔히 정신적 고통이 육체의 질병으로 드러나는 것으로서 이 병은 나이와 직업에 관계없이 현대인의 삶을 파괴하는 요소로 자리 잡고 있는 질병입니다. 이것은 현대인들에게 부지런해야 할 것과 숙달해야 할 것과 기억하지 않으면 안 되는 조건들을 내놓고 그에 따르라는 요구를 하고 있습니다. 그로 인해 사람이 정신적인 과부화 상태에 젖어서 생존할 수밖에 없는 환경이 되어버렸기 때문입니다.

그런 삶을 살아가는 시대이기에 틀에 매인 일상에서 벗어나는 것과 아무에게도 제약 받지 않는 시간들과 마음 가는대로 할 수 있는 조건들을 갖춘 휴식이 현대인들에게 특히 필요합입니다.

그렇다면 휴식은 아무것도 하지 않는 것인가? 그렇지 않습니다. 지금 하는 일과 다른 일이면 충분한 휴식이 될 수 있습니다. 즉 잠시 동안이라도 다른 환경을 만들어 보는 것, 이것이 좋은 휴식의 조건이 될 것입니다. 비록 여행 같이 현재를 벗어나는 조건이 아니더라도 그렇습니다.

108. 고민

한때, 풀리지 않는 문제로 고민을 했었습니다. 지금 돌이켜 생각하면 그것이 그렇게 대단한 고민이었던가? 하며 웃기도 하지만 당시에는 어떤 방법을 써도 풀어질 것 같지 않은 문제였습니다.

입맛, 밥맛도 잊었고, 의욕도 사라졌으며, 사람을 만나는 것도 귀찮아지며 하루하루가 짜증스럽기만 했습니다. 시간을 보내려고 책을 펼쳐도 글이 보이지 않고 티브이TV도 그 내용이 윙윙거리며 맴돌 뿐이었습니다. 그러다가 어느 날 깨달은 것은 며칠 고민하고 금식이라도 해서 해결될 문제라면 그렇게 하겠지만 내 힘으로는 결코 풀리지 않을 문제라면 시간에게 맡겨두기로 하고 애써 다른 일에 매달려 보았습니다.

그렇게 얼마의 시간이 흐른 후 고민했던 문제는 조용히 삭혀지거나 어떤 결과로 나타났습니다. 그 결과가 손해이거나 이익의 관점보다 내게 경험과 추억이 되어 주었습니다. 해결할 방법이 없는 고민거리에 매달린다는 것은 나 자신의 일상을 피폐하게 할 뿐이었던 것입니다. 그러므로 지금 해결하기가 쉽지 않은 고민은 시간에게 맡겨 두는 것도 자유로움을 위한 지혜입니다.

109. 한 평

어느 한적한 시골 마을길 산중턱에 두 분의 봉분이 아담하게 자리하고 있는 것을 보며 자손들의 정성이 대단하다는 생각을 했습니다. 언젠가 왕릉을 가보았습니다. 집보다 큰 것 같은 능은 그 둘레도 상당한 넓이를 차지하고 있어서 둘레를 걷는 것도 산책이라 할 만했습니다.

어느 집 정원은 크기만으로 사람을 압도하지만 어떤 사람은 거실조차 없이 주방과 거실이라 구별하기도 애매한 집에서 삽니다. 하지만 어떤 사람이든 그가 차지하는 땅은 늘 한 평뿐입니다. 즉, 지금 내가 다른 이의 땅 위에나 집에 있어도 내가 있는 동안은 내 것입니다. 물론 법률적인 것은 아닙니다. 몇 평의 터 위에 어느 크기의 봉분을 만들거나, 나무 한 그루 밑을 자신의 쉼터로 삼거나 분명한 것, 내 한 몸 누운 곳은 오직 한 평뿐입니다. 아니 한 평도 안 되는 작은 땅일 뿐입니다.

잔칫상이나 라면 하나나 배부르게 하는 것은 내가 먹는 한 끼의 음식이므로 자신의 라면 하나에 감사하며 생활하는 것이야 말로 우리의 소유는 언제나 한 평 뿐이라는 것을 인식하는 데서 오는 자세이며 나눔과 베풂도 이런 사상에서 실행되는 아름다운 행위일 것입니다.

110. 마디

오래 전 경기 양평 근처의 작은 식당에서 대나무 통 밥을 먹어 보았습니다. 대나무 마디를 잘라 그 안에 쌀을 씻어 안치고 열을 가해 밥을 지었기 때문에 밥과 함께 풍기는 대나무 향이 좋았습니다.

마디, 그것은 대나무를 대나무답게 해 주는 조건인 것이기에 다른 나무들만큼 그 우람한 모양을 드러내지 못하고 가냘프며 약하게 보임에도 불구하고 그 단단함으로 자신의 가치를 세우고 있는 것입니다.

사람에게도 마디는 있습니다. 손가락, 발가락, 팔꿈치나 무릎 등, 그리고 마디에 의해 행동의 자유를 얻으며 하는 일들을 자신 있게 추진해 나가는 것입니다. 따라서 마디가 건강하면 활동의 반경이 확대되는 것입니다.

우리의 말도 마디가 있습니다. 말 한 마디가 죽이기도 하고 살리기도 하기에 우리가 하는 모든 언어 사용을 가볍게 하는 것은 삼가야 할 것입니다. 말은 혀로 하지만 생각으로 다듬고 진심을 덧입혀 조심스럽게 사용하는 것이 지혜로운 사람의 자기 관리이며 처신일 것입니다.

111. 우월감

‘제 잘난 맛에 산다.’는 말이 있습니다. 하긴 그런 맛이 없으면 사는 맛이 나지 않는 이들도 있을 것입니다. 우리가 ‘제 잘난 맛’이라고 하는 것이 개인적인 입장이라고 말은 하지만 실상 그 잘난 맛은 절대적이 아닌 상대적이라는 것입니다. 곧 다른 이가 인정해야 존재하는 맛이기 때문입니다.

우월감이란 다른 이보다 어느 면에서 더 잘하거나 더 좋은 것을 소유했거나 더 좋은 위치에 있다는 자부심으로 어깨를 세우고 스스로 드러내어 자랑하고 싶어 하는 자세라는 것을 말합니다. 따라서 우월감은 자신감을 갖게 합니다. 그런 면에서는 누구에게나 필요한 조건이며 그 자신감이 스스로의 삶에 힘과 능력이 되어주는 것도 사실이기에 다른 이보다 더 좋은 조건이 있다면 그것을 잘 활용하는 것은 필요한 일입니다.

그러나 생각할 것이 있으니 다른 사람에게는 내게 없는 그런 좋은 조건이 있을 것이며 그것이 그에게 있어서 우월감이 되는 것이기에, 그에 어울리는 자세를 갖추는 예의도 필요하다는 것입니다. 사람의 외형은 비슷하다 해도 각기 그에게도 우월감의 이유가 되는 장점들은 있기에 그렇습니다.

112. 우월감 2

우월감을 내면에 감춰 두는 지혜가 있어야 합니다. 우월감은 본인에게 자신감을 갖게 하고, 하고자 하는 일에 추진력이 되어주는 것이므로 바르게 사용하면 모든 이들에게 유익을 주는 장점이 됩니다. 그러나 사람이 사람을 싫어하는 이유 중 하나는 바로 그 사람이 자기만을 드러내며 교만하게 보일 때입니다. 교만은 자기자랑이며 외적으로 드러나는 우월감의 표현이기 때문입니다.

우리의 눈에 보이지 않으나 보이지 않음에도 그 능력을 드러내는 존재는 상당히 많습니다. 공기가 그러하고 바람이 그러하며 기후의 변화가 그러한 것처럼 보이지 않는 것의 능력이 더 위대하게 드러나는 일은 그 결과가 보여주는 능력 때문입니다.

자동차의 엔진은 밖으로 드러내지 않습니다. 그러나 차는 자신의 능력을 엔진의 성능으로 보여주고 있으니 좋은 차란 엔진의 성능이 어떠한가에 따라 좌우되는 것이며, 마찬가지로 진정한 우월감은 드러내는 것이 아니라 다른 이들이 그가 하는 일의 결과를 보면서 판단하고 승복하게 하는 것입니다.

113. 장점

어머니는 자식들을 위해 애를 씁니다. 학교에 다녀오면 학원에 보내고, 무엇을 먹이는 것이 건강에 좋은지 어떤 옷을 입혀야 좋을지를 고민하며 자식을 위해 여러 방식으로 여러 정보들을 수집하곤 합니다. 하지만 대부분은 아이보다 엄마의 계산이 앞서 있어서 어떤 아이들의 일상을 보면 엄마의 욕구 충족을 위한 존재 같이 보이고 '다 너를 위한 것'이라는 말이 거짓말 같이 느껴지기도 합니다. 어떤 아이는 우리의 부모들이 유별나다고 합니다. 하지만 다른 나라의 부모라고 다르지는 않습니다.

다만 그 사회와 문화적 현장이 우리와 다르고 그 다름이 아이의 성장에 영향을 끼친다는 것인데, 그럼에도 성공적인 인생을 살아가는 사람들을 보면 대다수 그들의 부모가 아이의 장점을 잘 살펴 키웠다는 것입니다.

하기야 한 가지만 잘하면 모자라는 것은 다른 이를 통해서 채우면 되는 것이니, 누가 말했던 것처럼 하나를 잘해서 성공하면 다른 일들은 다른 이에게 급여를 주고 시키면 된다는 말입니다. 이 말이 주는 의미는 누구나 그만의 장점은 있으므로 그 장점을 잘 활용하면 다른 모든 것은 필요에 따라 충족할 수 있기 때문인 것입니다.

114. 톱니바퀴

어릴 적 시계수리점에서 시계 속 톱니바퀴가 회전하는 것을 보고 신기하게 느꼈던 때가 있었습니다. 서로가 물며 돌아갈 때마다 째깍째깍하며 초바늘이 한 칸씩 돌았기 때문이었습니다.

그런데 사람 살아가는 방식이 바로 이 톱니바퀴 같음을 깨달았습니다. 사람 살아가는 방식이 자신의 삶을 상대의 삶 한 부분에 의지하고 그렇게 서로의 삶이 한 칸씩 돌아가게 만들며 더불어 살고 있기 때문입니다. 누구나 한두 번 '나는 뭐지?'라거나 '나는 왜?' 하며 자신의 무능력함이나 무가치함을 느껴본 경험이 있을 것입니다. 그럴 때는 자신도 모르게 소극적이 되기도 하는 것은 무능력과 무가치라는 단점에 대한 반응일 것입니다.

그러나 어떤 이의 장점이 자신에게는 단점이 되고 자신의 장점이 다른 이에게는 단점이 되므로 자신의 단점 때문에 불편해 하거나 주눅 들 필요는 없습니다. 톱니바퀴 같은 것이 세상이기 때문입니다. 자신에게 단점이 있어 다른 이의 장점이 빛나고 다른 이의 단점 때문에 자신의 장점이 빛나므로 삶이 회전하는 것, 이것이 세상의 이치입니다.

115. 흉

사람들은 남 말하기를 좋아합니다. 그것도 남의 실수나 잘못을 말하기 좋아하는 것, 어쩌면 이것도 가해본능 중 하나라 할 것인데, 그것을 우리는 흉본다고 말합니다. 어쩌면 우리의 귀가 다른 이의 좋은 것, 잘되는 것에 대한 이야기보다 더 관심을 갖고 있는 것 같기도 합니다.

그래서 싫은 사람에게 좋지 못한 일이 있으면 '잘난 척하더니 꼴좋다.'라는 말도 있는 것 같습니다. 무의식적인 경쟁심리이기도 하겠지만 그렇습니다. 하지만 어느 지도자는 말하기를 누군가를 지적하는 그 손을 보면 상대를 가리키는 손가락은 엄지와 검지 두 개이지만 나를 가리키는 것은 그 남은 손가락 세 개라고 했습니다. 두 개가 상대의 흉이라면 세 개는 나의 흉일 것입니다. 그리고 내가 흉을 보는 것 같이 다른 누군가는 나를 흉보기도 할 것입니다.

그러므로 흠이 없는 사람은 없으며 털어서 먼지 안 나는 사람도 없다는 말이 맞는 말입니다. 그러기에 성경은 이렇게 가르치셨으니 '상대의 눈에 있는 티를 보면서 나의 눈에 있는 들보는 보지 못하는…'이라는 교훈입니다.

116. 돌

도시의 골목을 걷다가 빌딩 입구에 세워진 머릿돌을 보았습니다. 대체적으로 머릿돌은 건물 한 곳에 부착시키는데 그 건물은 다른 방법으로 세워놓은 것입니다. 머릿돌에는 건축 기간과 건축에 관계된 내용들이 기록되어 있습니다.

그러나 우리 건물의 머릿돌은 건축 후에 설치하지만 고대 중동지방은 건물을 세우는 시작이 머릿돌로부터라고 하는 것을 보면 머릿돌이란 중심 또는 시작의 의미이기도 할 것입니다.

돌에도 몇 종류가 있습니다. 머릿돌이 있다면 디딤돌이 있습니다. 조금 높은 곳을 딛고 오를 수 있도록 놓여있는, 우리가 댓돌이라 부르는 돌입니다. 그리고 거침돌이 있습니다. 주의하지 않으면 걸려 넘어져 무릎을 다치게 하거나 발목을 어그러뜨려(삔다는 말) 고통을 주는 돌입니다.

사람도 그렇습니다. 중심이 되고 시작이 되며 앞서는 사람이 있고 더불어 누군가에게 도움이 되는 사람이 있으며 누군가에게 피곤한 사람이 있습니다. 나는 어떤 돌일까? 생각해볼 일입니다.

117. 심지

사람을 평하면서 '심지가 곧은 사람.'이라고 칭할 때가 있는데, 이는 그 사람 마음의 바탕이 올곧아 흔들림이 없다는 의미이며, '심지가 깊다'는 말은 생각이 성숙하고 믿음직하다는 의미입니다.

어릴 적 전기가 없는 마을에 살았기에 저녁이면 호롱에 불을 붙여야 했습니다. 그 호롱에는 심지가 있어 높낮이로 불의 밝기를 조절합니다. 그런데 그 심지를 많이 올리면 불꽃에 검은 연기가 오르고 조금 올리면 불이 잘 붙지 않아서 늘 불꽃이 오를 정도로 맞추어야 했습니다.

사람의 성품이 심지와 같으니 올곧은 것은 좋습니다. 그러나 너무 강직한 것과 너무 드러나지 않은 것은 좋지 않습니다. 물이 너무 깨끗하면 물고기가 살 수 없으며 너무 더러워도 살 수 없는 것과 같은 이치입니다. 그러므로 강직과 올곧음도 적당할 필요가 있을 것입니다.

그리고 하나 더 필요한 것, 등에는 늘 기름이 넉넉하게 있어야 하는 것처럼 곧음도 그 내면에 충분한 지식과 지혜와 경험이 있어야 그 밝음을 더 넓게 펼칠 수 있게 될 것입니다.

118. 염치

우리가 쓰는 말에 염치라는 말이 있는데 그 말은 '체면을 차리고 부끄러움을 아는 마음'이라는 뜻이며 체면이라는 말에는 떳떳한 도리나 처지라는 의미를 담고 있습니다. 즉 염치라는 말은 떳떳한 도리와 처지를 살피며 부끄러움을 아는 자세라 할 것입니다. 그러니까 '저 사람은 염치가 없다.'라는 말은 체면도 없고 도리도 없는 사람이라는 것을 말하는 것이니 이런 사람을 만나면 참으로 난감해지곤 합니다.

사실 생각해보면 염치가 있어야 한다는 것은 어려운 일이 아닙니다. 생활의 작은 부분에서 다른 사람을 생각하는 것, 이것이 바로 염치가 있는 사람의 모습인 것입니다. 하긴 누구라도 잠시 체면을 내려놓으면 작은 이익이라도 얻을 수 있을 것입니다.

'체면불구하고'라는 말은 자신이 그렇게 하면 양심에 거리낌이 되고 그 상황에서 그렇게 하면 안 되는 것인 줄은 알지만 '어쩔 수 없이'라고 하는데, 그런 말을 하는 사람은 그나마 염치가 있는 사람입니다. 문제는 염치불구하고 무시하며 행동하는 사람들의 비양심적 행위인 것입니다.

119. 반응

어린이를 데리고 가던 엄마가 아이에게 야단치는 것을 보았습니다. 내용인즉 엄마는 허락하지 않는데 아이가 떼를 쓰고 있기 때문입니다. 아마 장난감이나 간식을 요구했던 모양인데 엄마의 판단은 그 요구를 승낙할 수 없었던 것 같았습니다.

사람이 무엇을 구하거나 찾으면 세월이 그에게 반응하는 방식은 세 가지입니다. 그 첫째가 즉시 해결되는 것이고, 둘째가 어느 정도의 시간을 기다리게 하는 것이며 셋째가 평생을 기다려도 이루어지지 않는 것입니다. 그럴 때 대부분의 사람들은 이루어지지 않은 일에 대한 실망과 좌절에 붙들리곤 합니다. 그럴수록 자신의 인생을 살아가는 길에 있는 하나의 과정이라고 생각하는 것이 힘이 될 것입니다.

부모가 자식의 요구에 반응하는 세 가지, 즉 '그래! 알았다,'와 '조금 후에 하자,'와 '아니다,'라는 세 가지의 반응으로 나타는 것이며, 그 세 가지의 반응 모두 자식에게는 응답인 것이니, 비록 자신의 뜻과 다르더라도 응답입니다. 특히 신앙인에게 필요한 자세가 그런 것입니다. 무응답도 응답인 것을 알 때 신앙의 흔들림이 없기 때문입니다.

120. 강처럼

어린 시절을 임진강과 함께 생활했지만 그 시절의 강은 놀이터였을 뿐이었습니다. 장년이 된 후 어려움을 겪을 때, 북한강에 갔다가 문득 나도 저 강처럼 유유히 흘러가는 인생을 보내고 싶다는 생각을 했습니다.

그 후 국내의 여러 강을 돌아보며 깨달은 것은 강처럼 산다는 것도 쉽지 않은 일이라는 것이니, 조용히 흐르는 강에게도 여러 곡절이 있다는 것 때문입니다. 즉 강도 굴곡에 따라 흘러야 하고, 낙차가 심한 곳에서는 떨어져야 했으며 장애물이 있으면 돌아 흐르고 뭍에서 내려오는 지저분한 것들을 받아들여야 하며 자신의 터에서 생을 이어가는 물고기들을 속절없이 빼앗기는 아픔도 겪으며 흐른다는 것이었습니다.

결국 유유히 흐르는 강도 우리의 인생과 같은 과정을 겪고 있으니, 물결이 찰랑거리는 것은 물의 깊이가 얕음 때문인 것처럼 어떤 상황에 쉽게 휘둘리는 인생도 그와 같은 것이기에 그때부터, 비움에 대하여 깊이 생각하게 되었고, 비우니 그 모든 것이 안에서 가라앉고 삭히게 되며 일상이 유유히 흘러가듯 되었기에 물처럼 살고 싶다는 분들께 우선 스스로를 비우고자 하는 노력이 필요하다는 조언을 드려봅니다.

121. 도리道理

도리道理란 '사람이 마땅히 해야 할 바른 일'이라고 사전은 설명하고 있습니다. 곧 우리가 살아가면서 부딪치는 여러 가지 일들을 '바르게 행하는 것'이라는 말인데, 이것을 다른 말로 규범이라 할 것입니다.

규범에는 법률적 규범이 있겠고 사회적으로 보편적인 규범이 있을 것입니다. 법률적 규범은 사회를 구성하는 이들 모두가 지켜야 할 공동체를 위한 규범이며 사회적 규범이란 법률적으로는 제한하지 않으나 사회가 요구하는 일반적 규범을 말하는 것입니다.

법률적 규범이란 '범죄'라는 의미를 품고 누구나 규정된 틀을 벗어나면 안 된다는 제한을 말하는 것이며 사회적 규범이란 '상식'이라는 의미로 규정된 틀은 아니지만 누구에게나 적용되는 일상의 행동을 가리키는 말입니다. 그러나 우리는 그런 단어에 매여 긴장할 필요는 없으며 다만 이렇게 판단하면 될 것입니다. 곧 '자신의 상식과 양심에 거리낌이 없이'라는 것, 생활의 잣대를 자신의 양심에 비추어 보는 것입니다. 양심이 바르지 않다고 하는 것을 하지 않는 것, 바로 이것이 도리道理라 하는 것이니 혹자의 말처럼 양심에 찔리는 것을 하지 않는다면 그는 도리를 아는 사람인 것입니다.

122. 폼

아이들끼리 의견 차이를 보이더니 안색이 변하고 입술을 실룩이면서 싸우려 하는 자세를 취합니다. 흔히 가볍게 하는 말 중에 '폼 난다.' '폼 잡네.'라는 말이 있습니다. 폼이란, 다른 말로 자세를 잡는다는 말입니다. 자세란 아무 때나 아무렇게나 쉽게 잡는 것이 아니라 자신이 살아온 날 동안에 갖추게 된 숙련된 행동이나 표현의 하나입니다. 말하는 자세(폼)나 걷는 자세(폼)나 일하는 자세(폼)가 그렇습니다.

학창시절, 선생님의 훈화를 들으면서 선생님 나름의 습관이 있음을 보게 되는데, 어떤 선생님은 말하면서 '에 또'라는 말을 불필요하게 사용하시기도 하고, 어떤 선생님은 팔짱을 끼고 말하는 것이 편한지 꼭 그렇게 하시는 분도 계셨고 말씀 전에 헛기침을 하시는 분도 계셨습니다.

나 자신을 다른 이들에게 얼마나 긍정적인 사람으로 보이게 할 것인가? 그러기 위해서 자신을 바르게 드러내기 위한 노력이 필요합니다. 군인들의 절도 있는 자세(폼)가 오랜 훈련을 통해 만들어지는 것처럼 우리의 자세도 훈련이 필요합니다. 훈련이 잘되어 있을수록 그 사람에게 어울리는 자세(폼)가 자연스럽게 배어나올 것이기 때문입니다.

123. 척

우리 말 중에 '척한다.'는 말이 있습니다. 아는 척, 잘난 척, 또는 모르는 척, 있는 척, 이런 행동적 의미를 말하는 것인데, 곧 자신의 약한 부분을 감추거나 강한 부분을 감추기 위한 자세를 가리키는 말입니다. '척하면 삼천리'라는 말이 있는데 이 말은 상대가 자세히 설명하지 않아도 그의 의도나 생각을 알아차렸다는 말로 사용하는 속어입니다.

'척'이라는 것이 우리의 일상에서 관계를 이루는데 적지 않은 도움이 될 때가 있으니 때로는 체면 때문이기도 하지만 상대를 배려할 때도 필요한 것이 '척'이기 때문입니다. 괜찮은 척은 체면에 관한 것이며 상대를 배려하는 것이기에 장려해도 좋을 '척'입니다.

그러나 '잘난 척' 같은 것은 결코 도움이 되지 않는 '척'입니다. 그것을 다른 이들이 눈치를 채지 못하면 다행이지만, 그러나 쉽게 드러나는 것이 '잘난 척'이니 그 '척'은 허풍이기 때문입니다. 그러기에 '척'을 잘못 사용하면 상당한 오해를 불러일으키기도 합니다. '척!' 얼마나 지혜롭게 사용해야 할런지요. 때와 장소를 잘 살펴서 '척!'하는 지혜가 있다면 좋겠습니다.

124. 멋

'제 멋에 겨워 산다.'는 말과 '제 잘난 멋에 산다.'고 하는 말은 다른 사람의 눈길은 관심 밖의 일이고, 오직 자신의 즐거움과 필요에 의한 행위를 한다는 말입니다. 만일 사람이 그 누군가를 기준에 놓고 거기에 맞추며 살아야 한다면 참으로 힘들고 어려운 삶이 될 것입니다.

그럼에도 요즈음 유행이라는 것을 보면 옷이나 액세서리 같은 것들을 함께 공유하는 것이야 그렇다 하더라도 유행을 쫓느라 자신의 체형에 맞지 않는 차림과 모방을 하느라 계절과 환경을 무시하는 모습들이 조금 심하게 보이는 경우를 보면서 그 정도의 노력을 다른 곳에 쏟으면 어떨까? 하는 생각을 해 봅니다. 물론 다 그렇다는 것은 아닙니다.

'멋있게'가 다른 이들 앞에 드러내기 위한 멋이며, 어떤 대상을 모방하는 멋이라면 차라리 그 멋을 위해 쏟는 정성만큼 자신의 멋을 찾아 가꾸고 성숙하게 하는 일에 투자한다면 자신의 장점으로 자연스럽게 보이는 멋스러움이 되지 않을는지요. 나만의 특색을 찾아 가꾸고 나만의 좋은 면을 드러나게 하므로 다른 이들이 나를 생각할 때, 내게 있는 그것을 기억할 수 있도록 한다면 그는 분명 멋있는 사람일 것입니다.

125. 산지産地

신토불이身土不二라는 말을 합니다. 우리나라에서 생산된 농작물이 우리 체질에 맞는다는 말입니다. 한우가 다른 수입 고기보다 비싼 이유는 고기의 질質이 수입산 보다 좋다는 인식 때문이기도 하지만 우리의 입맛에 잘 어울린 다는 것이 더 큰 이유입니다.

외식이 그렇습니다. 사람들이 가능한 원조 식당을 찾고, 현지로 가서 먹는 것은 그곳에 가서 먹어야 그 맛을 느낄 수 있기 때문입니다. 그래서 어느 지역을 가면 그 음식을 먹어보라는 말이 있는 것입니다.

산지에서 먹는 음식이 분명 다른 것은 생산지라는 분위기도 한몫하겠지만, 어떤 이가 산지의 것은 산지의 물로 만드는 것이 더 맛있다고 하는 데, 바로 그곳의 토질과 수질로 생산된 것이기에 그 음식은 그곳에 가서 먹어야 제 맛이라는 것을 강조하는 말인 것입니다.

어쩌면 사람이 그 고향을 그리워하는 것이나 지역 마다 그 지역 사람들의 특성이 있는 것도 그러할 것이며, 타지에서 오래 살아도 고향의 사투리를 버리지 못하는 것도 그러할 것입니다.

아! 태어난 고향 정선의 메밀전병과 올챙이국수가 먹고 싶어집니다.

126. 성실

어느 시대이든 경쟁이라는 구조가 존재합니다. 그래서 성공한 인생이라고 하는 것은 그 경쟁에서 남보다 뛰어났음을 증명하는 것이므로 성공을 위해 남보다 많은 힘을 기울이는 수고를 기꺼이 감당하는 것입니다.

하지만 문제는 그 '뛰어남'이라는 것이 객관적이며 상대적이며 보편적인 것인가 하는 것입니다. 곧 모두가 긍정할 수 있는 경쟁의 방법을 통해 드러난 '뛰어남'인가 하는 것이니, 그럴 수밖에 없는 것은 '뛰어남'의 적지 않은 부분이 자신의 '뛰어남'이 아니라 다른 사람의 뒤쳐짐으로 '뛰어남'이 되기도 하며, 또는 상대의 수고를 방해하거나 '억압' 또는 '짓밟음'으로 자신의 뛰어남을 나타내는 경우도 있기 때문입니다.

그러므로 다른 사람보다 올곧은 뛰어남이 되기 위해서 자신에게 필요한 것은 성실을 동반한 인내입니다. 성실함은 순간 들어나지 않는 것이지만, 긴 시간 속에서 우러나는 진국 같은 것이어서 기다림 후에는 더욱 아름답게 확증되는 뛰어남이 되어주기 때문입니다. 거북이가 토끼를 이길 수 있었던 것은 토끼의 게으름 때문이 아니라 거북이의 성실한 인내 때문이라는 것을 보여주는 동화가 기억나는 시간입니다.

127. 씀씀이

씀씀이란 말은 “돈이나 물건 따위를 쓰는 태도”라고 설명하는데 우리는 흔히 이 씀씀이라는 말을 돈과 물질이라는 부분에 적용해서 사용하고 있으며 긍정보다는 부정적 의미로 ‘낭비’ 또는 ‘헤프다’라는 편에서 표현하는 말입니다. 그러나 넓게 살펴보면 우리의 일상생활의 모든 부분, 즉 돈과 물건뿐 아니라 주어진 환경이나 상황을 어떤 방식으로 사용하고 있는가 하는 것 역시 씀씀이라는 부분 안에 있는 것입니다.

따라서 우리는 ‘씀씀이’라는 말을 더 많은 부분에 적용할 필요가 있습니다. 돈이나 물건을 함부로 사용하는 것도 낭비겠지만 사람을 상대하는 자세에서도 그럴 수 있을 것이며 물론 시간을 쓰는 부분도 벗어날 수 없는 영역인 것입니다.

알차다, 작은 계란이나 새의 알은 그 자체로 가득한 존재입니다. 그 안에는 다른 그 무엇도 들어갈 수 없는 가득인 것이니 우리의 모든 생활을 알차게 하기 위해 ‘씀씀이’에 ‘알뜰’과 ‘계획성’을 접목시킬 필요가 있습니다. 그것은 누구에게나 인생은 소중한 것이므로 그 무엇 하나라도 헤프게 보낼 수는 없는 것이기 때문입니다.

128. 씀씀이 2

우리 주변에서 돈을 쓰는 사람들을 보며 '씀씀이가 크다.'라거나 '쪼잔하다.'라는 말을 하는데, 이 말은 풍성하게 쓰는 것이나 아끼며 쓰는 것이나 돈을 적절하지 않게 쓴다는 말입니다.

돈이란 어떻게 쓰는 것일까? 나름 생각해 분류해 봅니다.

첫째, 필요한 것은 빚이라도 내서 쓴다. 곧 생존을 위해 쓰지 않으면 안 되는 것은 써야 하는 것입니다. 둘째, 써서 좋을 것은 여유 있을 때 쓴다. 즉 써서 행복과 즐거움을 얻는 것은 급하지 않을 때 쓰는 것입니다. 셋째, 써도 안 써도 그만인 것은 쓰지 않는다. 이것은 그 순간 잠시의 희락을 누릴 뿐이니 곧 낭비성 소비이기 때문입니다. 넷째, 절약할 수 있으면 절약해서 쓴다. 곧 여러 매장의 가격 차이를 비교하는 것이니 발품이 돈을 아껴주기 때문입니다. 다섯째, 사용 가능한 것을 교체하는데 쓰지 않는다. 아직 사용할 수 있는데도 유행이 지나서 또는 쓰는 것이 지루해서 등의 이유로 소비하지 않는 것입니다.

그리고 더 중요한 것은 이렇게 쓰는 것이 '내 삶에 어떤 영향을 줄 것인가?'를 생각해 보는 것입니다.

129. 상승효과

수학적으로 1+1은 2이니 이 계산법은 맞습니다. 따라서 우리의 일상생활에서 더하기와 빼기만 잘하면 큰 불편은 없을 것입니다. 곱하기와 나누기는 더하기와 빼기를 효율적으로 계산하는 방법이므로 그렇습니다. 하지만 다른 계산법이 있습니다. 곧 시너지효과라고 하는 상승효과입니다.

이 계산법으로는 1+2가 3도 4도 되며 그 이상도 되는데 가로, 세로 5cm, 높이 10cm의 기둥이 1개일 때는 275kg의 무게를, 2개일 때는 826kg 무게를, 3개면 3,847kg의 무게를 견디는 힘을 발휘한다는 것입니다.

우리 속담 중에 '종잇장도 맞들면 낫다.'라는 말이 있습니다. 곧 모두가 같은 목적을 위해 같은 마음으로 진행한다면 그 결과는 과학과 수학이 계산할 수 없는 효과를 얻는 다는 것을 말하는 것입니다. 농부들이 농부가로, 어부들이 '어기어차'하며 흥을 돋우는 것은 서로를 격려하여 좋은 결과를 얻기 위함이니, 이같이 우리가 하는 응원, 박수, 격려 같은 행위들도 함께 하는 이들의 어깨에 힘을 돋우어 상승효과를 얻게 하는 것이므로 우리의 삶에 꼭 있어야 할 좋은 행동인 것입니다.

130. 이온 엔진

지금까지 엔진은 휘발유를 연료로 사용하는 엔진과 경유를 연료로 사용하는 엔진이었습니다. 요즘은 전기를 사용하는 엔진이 대세가 되어가고 있고 또 수소 엔진도 뒤를 이어 개발되고 있습니다.

그러나 우리가 기억하지 않는 엔진이 있는데 이온 엔진입니다. 시계 같은 기계의 동력으로 사용되는 이온 전지는 기억하실 것입니다. 아! 이온 음료는 우리가 늘 마시는 음료의 하나입니다.

이온 엔진은 우주선에 사용되고 있습니다. 이 엔진의 출력량은 보잘 것 없어서 종이 한 장을 흔들리게 할 수 있을 정도의 양이라는데 그럼에도 무중력 지대인 우주 공간에서 우주선을 운행시키는 데는 충분한 동력이 된다고 합니다.

우리 안에도 스스로 활용하지 않았던 이온 엔진 같은 기능이 있을 것입니다. 잊고 있었던 실력을 어느 순간 무의식적으로 사용하게 될 때. 어! 내가 이럴 때가? 하는 것이니 그것을 잘 찾아내고 활용하는 사람이라면 그는 이미 성공적인 인생을 사는 사람일 것입니다.

131. 복기

복습을 잘 하는 학생이 공부도 잘한다고 합니다. 바둑을 두는 사람은 게임 후 복기를 잘해야 한다고 합니다. 어쩌면 우리의 일상도 그 같을 것입니다. 하루의 삶을 마무리 짓는 시간에 하루를 돌아보며 복기를 하는 습관이 우리의 삶을 더욱 알차게 만들 것이기 때문입니다.

하루를 마치는 시간, 혹시 기분 따라 말과 행동을 한 것은 없는지 분위기에 취해 서투른 행동을 하지 않았는지 또는 하지 말아야 할 것을 하거나 해야 할 것을 하지 않은 것이 있는지 그리고 나의 유익을 위해 다른 이에게 피해를 주지 않았는지. 하는 것들을 복기해 보는 것입니다.

더불어 하루를 정리하는 복기에 있어서 조심해야 할 것은 주관적이 아닌 객관적인 복기가 필요하고 나 중심이 아닌 상대방 중심의 복기가 필요합니다. 그 이유는, 삶이란 나를 위해 존재하는 것임에도 더불어 사회의 일원으로서 관계성의 균형이 필요하기 때문인 것입니다.

특히 실수한 것과 잘못된 것은 더욱 살피고 돌아보는 자세가 필요합니다.

132. 정비

자동차 정비소에 가면 휠 얼라이먼트라는 용어를 볼 수 있습니다. 타이어를 점검하는데 사용하는 용어로서 차륜정렬이라는 말인데 자동차의 네 바퀴와 휠을 균형 있게 조율한다는 말입니다.

자동차의 휠 얼라이먼트를 균형 있게 조율하지 않으면 차량의 쏠림, 핸들의 틀어짐, 타이어의 편마모와 함께 주행의 안전성에 무리를 주게 됩니다. 그러므로 주기적으로 조율할 필요가 있는데 특히 운전 중 핸들의 느낌이 다르면 필히 점검해야 할 일입니다.

그런데 우리의 생활에서도 이 같은 방식은 적용됩니다. 곧 자신의 일정, 또는 계획을 한 번씩 점검해 보는 것입니다. 그것은 작은 하나를 무시하다가 더 큰 어려움을 당할 수 있습니다. 여행을 가서 음식을 하려는데 조미료를 챙기지 못하는 것과 같을 수 있기 때문입니다.

어느 가요에 '전화기 충전은 잘하면서'라는 가사가 있는데 어쩌면 일상에 대한 정비도 그 같을 것입니다. 그래서 자신이 하는 일의 성취를 위해 자주 정비할 필요가 있는 것입니다. '아차!'는 아주 작은 것이어서 생각을 못했는데, 그것이 없어서는 안 된다는 것을 깨달았을 때에 하는 뉘우침입니다.

133. 여행

우리나라는 사계절 중 어느 한 계절이라도 여행하기에 부족함이 없는 나라이지만 그럼에도 봄과 가을은 여행의 제철입니다. 봄은 생명을 만남으로 좋으며 가을은 인생을 만남으로 좋기 때문입니다. 그러나 이 좋은 여행을 노동처럼 하는 이들이 있습니다. 시간과 장소, 식사와 관광의 일정 안에서 움직이는 여행. 대부분 단체 관광이 그렇습니다.

때로 여행이 원하는 만큼의 효과를 얻지 못했을 때에 그 여행을 위해 준비하는 시간과 정성, 그리고 여행 후 정리에 쏟는 수고가 아깝다는 생각을 하게 하기도 하니, 좋은 것이기에 철저한 준비성 또한 필요할 것입니다.

그래서 개인적으로 추천하는 여행은 홀로 여행입니다. 여행의 준비와 계획에 매이지 않아서 좋기 때문입니다. 여성분들은 어렵다고 하지만 요즘은 그렇지 않습니다. 여행을 여행답게 하려면 시간과 장소와 음식을 정하지 않고 자유롭게 하는 것, 그날의 환경과 마음이 이끄는 대로 행동을 하는 그런 여행이 가장 좋습니다. 더구나 여행에 관한 정보가 넘치는 시대이니 크게 마음 쓰지 않아도 가능한 일입니다.

134. 여행 2

여행을 효과적이며 의미 있게 하려면 참조하세요.

1. 여행은 문득의 시간이 있을 때 떠납니다. 여행은 계획성보다는 무계획이 좋습니다. 시간 있을 때 그 시간만큼으로 떠나는 것입니다.

2. 주머니에 있는 현금으로 필요 경비를 산출합니다. 즉 식대, 커피 등을 계산하고 남는 돈으로 왕복 교통비를 삼아 다녀 올 수 있는 곳을 정합니다. 물론 새로운 곳을 갈 수 있다면 더욱 좋을 것입니다. 비상금이나 카드를 준비하지만 쓰지 않도록 한다면 만 원으로도 충분합니다. 가까운 곳은 교통비가 사오천 원, 점심은 간단한 김밥이나 라면, 커피도 편의점이라면 천오백 원까지 쓰지 않아도 되기 때문입니다.

3. 느리고 싼 교통인 무궁화호, 전철, 일반 버스를 이용하고 일박 정도는 사우나도 괜찮습니다. 그 지역의 낙후, 또는 오래 된 시장이나 골목, 그리고 사람 사는 모습을 보는 것도 재미있습니다. 아! 그 지역 서민들이 즐기는 음식을 먹어보는 것도 추천합니다. 청도의 돼지 뼈 국물국수, 자갈치 시장의 선지국수, 조치원 시장의 순대국수 같은 음식들입니다.

벌써 40년 넘게 필자의 여행에 동행해 주는 늙은 가방, 가족들은 바꾸라 하지만 나는 고집스럽게 메고 다닌답니다.

135. 말

말을 잘하는 사람들이 있습니다. 아나운서처럼 잘하는 사람들입니다. 말이란, 소통의 기본이기에 말처럼 중요한 것도 없습니다. 그래서 말을 재치 있게 필요한 문장을 사용해서 하는 것은 참으로 좋은 재능입니다.

그러나 말을 잘하는 것과 말을 많이 한다는 것은 다르기에 말이 많은 사람을 좋아하는 사람은 없습니다. 말을 많이 한다는 것은 그 말에 깊이가 없어 새겨들을 만한 내용이 없다는 말이기 때문입니다.

重言復言중언부언 이라는 말이 있습니다. 이 말에는 두 가지 의미가 있는데 하나는 말은 많은데 의미 없는 말만 늘어놓는 것이니 도대체 무슨 말을 하는지, 의도가 무엇인지, 이해되지 않는 것이고 또 하나는 말은 많은데 같은 말을 되뇌는 것을 의미합니다. 듣는 이가 알아듣고 고개를 끄덕여도 다시 설명하고 또 설명하는 그런 경우도 그렇습니다.

진정 의미 있는 말은 시간 가는 줄도 모르고 청종하게 됩니다. 하지만 지루해서 몸을 꼬게 만드는 것은 내가 들어도 도움이 될 말이 아니기 때문입니다. 혹 말이 어눌하거나 말솜씨가 모자란다 싶어도 의미 있는 말을 하면 누구나 귀를 기울입니다. 말을 잘 한다? 생각해 볼 말입니다.

136. 선물

사회생활을 하다보면 선물을 주고 받을 때가 있습니다. 선물은 소중하게 여기는 사람에게 건네는 마음의 정표이기 때문입니다. 어릴 적 부모님은 선물이라고 계란 한 꾸러미(10개)나 자반고등어 한 손을 가지고 가셨는데 당시에는 그것도 소중한 마음의 표현이었습니다.

언제부터인가 선물의 내용과 가치가 마음을 대변하는 것 같이 되어버렸고, 부담이 되는 경우도 있으며, 또 다른 압박의 도구가 되기도 하는 것을 보면 그만큼 정을 담은 선물보다 또 다른 입장에서 하는 경우가 있기 때문일 것입니다. 물론 선물 받는 이는 마음만 받으면 된다고 하지만 그렇습니다.

필자에게 평생 잊지 못할 선물이 하나 있습니다. 흔히 공순이 공돌이라 부르는 청년들이 고향을 떠나 도시의 공장에 취업을 하고 대학생 교사들에게 배우던 학생들이 있었습니다. 야학을 그만 두게 될 때입니다. 마지막 수업을 하는 날, 한 여학생이 건네 준 박카스 한 병. 그 학생의 눈에는 눈물이 고여 있었습니다. 공손하게 건네주던 그 모습, 평생 받은 선물 중 최고의 선물이었습니다.

진정한 마음을 담아 전하는 것이 선물입니다.

137. 같아요

요즘 자주 듣는 말 중 하나가 '~~같아요.'라는 말입니다. '좋은 것 같아요.' '맛있는 것 같아요.' 같이 무엇인가 정리되지 못한 느낌이 드는 이 말을 들을 때마다 마음 한쪽이 허전하다는 느낌을 받곤 합니다.

특히 젊은이들이나 학생들이 그 말을 사용할 때 드는 생각은 '저 청년(학생)의 주관은 무엇이지?' 하는 것인데, 자신이 스스로 체험한 일임에도, 다른 누구에게 결과에 대한 판단을 위임함으로서 스스로의 판단에 대한 책임을 다하지 못하고 있다는 느낌 때문입니다.

자신이 체험하지 않은 것에 대한 답변은 '좋을 것' '맛있을 것.' '그럴 것 같아요.'라고 하는 것이 바른 말이며 자신이 체험한 결과에 대한 말은 '좋다.' '맛있다.' '그렇다.' 또는 별로였다.'등이어야 하는데, 어쩌면 책임 회피성 발언 같다는 느낌이 들어서 마음이 편치 않은 것입니다.

특히 공인들은 더욱 세심해야 하고 더불어 배우는 아랫사람 앞에서 하는 말에 세심한 주의가 필요한 것은 우리 스스로 우리의 말을 귀하게 여기고 존중해야 하기 때문입니다. 세계로 뻗어가는 K 문화는 곧 우리의 글과 말이라는 사실을 늘 마음에 담아 두어야 할 것입니다.

138. 음식

음식문화의 발전은 놀라울 정도입니다. 김치와 된장찌개를 기본으로 알면서 성장한 세대로서 새롭게 소개되는 음식을 눈으로 보아도 맛있어 보이고, 방송에서 좋은 음식을 소개하면 메모를 하기도 합니다. 혹 여행 중에라도 기회가 되면 먹어보려는 욕심 때문입니다.

따라서 여행 중 그 지역마다 특색 있는 음식이 있으며 그 맛도 조금씩 다른 것을 깨닫는데, 어떤 경우에는 그 지역에서 유명하고, 손님도 대기하는 식당의 음식임에도 내게는 맞지 않아 실망을 하기도 합니다. 물론 그 지역의 특성과 세월이 만들어 낸 맛과 향이기 때문일 것입니다.

그러면서 깨닫게 된 것은 "아! 정말 맛있게 먹었다."라고 말할 때 정말 맛있게 먹은 것일까? "그 음식 정말 맛없네!"라고 말하는 것은 정말 맛이 없는 것일까? 하는 질문이 남습니다. 그에 대한 나름의 결론은 내 입을 만족시켰는가, 내 입을 만족시키지 못했는가의 차이라는 것입니다.

그러나 내가 맛없다 판단한 음식을 맛있게 먹으러 가는 사람들이 있으므로 그 후에는 이렇게 말을 합니다. '그 집 음식이 맛이 없는 것이 아니라 내 입에 맞지 않는 것이다.'

139. 맛

우리 말 가운데 많이 쓰는 말 중 하나가 '맛'입니다. 맛의 종류가 몇 가지나 있을까요? 단, 쓴, 매운, 신, 쉰, 짠, 탄 맛 등일 것입니다. 이 맛들을 주관적 기준으로 덜 달다, 너무 달다, 맵다, 안 맵다 등으로 판단합니다.

하지만 중요한 것은 맛을 느끼는 혀의 감각기관입니다. 특히 어려서부터 입에 익숙해진 음식에 대한 인식은 모든 맛의 기준이 되기 때문에 고향에 대한 그리움만큼 어머니의 손맛에 대한 향수도 우리에게 추억을 주는 것입니다.

우리 인생이 그렇습니다. 주어진 환경에 대해 느끼는 행복 또는 불행함은 바로 내 판단이 기준이기 때문입니다. 어떤 이는 고급식당에서 먹는 고기에도 불만을 갖는가 하면 어떤 이는 라면 하나에도 감사하며 먹습니다. 이처럼 그 환경을 받아들이는 자신의 자세가 더 중요하다는 것입니다.

그러므로 기억할 것은 누구나 나름의 판단 기준이 있으니 자신이 지금 행복하거나 불행한 것, 그것 역시 본인의 판단에 의해 결정되는 것입니다. 어릴 적 놀이기구가 없던 시절에 작대기 하나로도 행복한 놀이를 했음을 생각해 보면 그렇습니다.

140. 손해

사람이 살아가는 모든 것에는 '이익과 손해'라는 것이 있으며 이것은 물질적인 것에만 제한되지 않습니다. 그러나 다른 면에서 본다면 모든 인생이 손해 보는 것은 없습니다. 사는 동안 내 손에 잡히는 것으로만 보면 이익과 손해가 존재하지만 인생은 결코 손해가 없는 것입니다.

그것은 태어난 것부터 이익이기 때문입니다. 대가를 치루지 않고 투자를 하지 않음에도 이익이 되는 것이 인생입니다. 부모님이 나를 잉태하는 것부터 나는 아무 투자를 하지 않은 채 얻은 삶이기 때문입니다. 그러기에 때로 자신의 삶 속에서 손해라고 하는 일들, 그 손해도 이익의 한 부분이 될 수 있을 것입니다. 손해라고 하는 그것 역시 세상에서 돌고 도는 것들이니 그 과정에서 내게 잠시 머물렀던 것이며 그것이 내게 주어진 인생이기 때문입니다. 잃은 것들 중에서도 얻음은 있고 버림 속에서도 소득이 있는 것을 인정하면 더욱 그렇습니다.

결국 한 생을 놓고 본다면 공수래공수거空手來空手去라는 말을 인용하지 않더라도 손해 보는 것이 없는 것. 그것이 우리의 삶이니 굳이 어느 가수의 노래를 말하지 않아도 그렇습니다.

141. 설마

신은 사람을 참 묘하게 창조하였습니다. 그 중에 하나가 착각 기능이 있는 것입니다. 착각은 오해로 가는 지름길이기도 하지만 착각 때문에 사람이 살아가는 것이기도 합니다. 물론 착각은 자유입니다.

믿었던 사람에게서의 배신감, 좋다고 판단했던 것에 대한 실망, 잘 되었다고 결론 내린 것에 대한 후회, 나만큼은 절대로 그렇지 않거나 그런 일이 없을 것이라는 것은 모두 착각 때문에 일어나는 일입니다.

하긴 모든 관계된 것에 대한 확실한 판단과 결정을 할 수 있는 존재라면 사람이 아니라 신의 경지에 들어선 존재일 것이며 착각이라는 것은 우리들에게 없었을 것입니다. 그래서 '설마가 사람 잡는다'는 속담이 있고, 사람은 자신의 욕구가 강한 만큼 '설마 그럴리야'에 가까이 다가서는 것입니다. 기대가 큰 만큼 실망도 크다는 사실을 경험하기도 하는 것입니다.

그러므로 그 설마가 가까이 있다는 사실을 알고 있다면 그 설마가 주는 결과는 아무도 예측할 수 없으므로 돌다리도 두드려 보는 조심성도 있을 것입니다.

142. 반어법

우리는 때로 마음에 있는 것을 달리 표현할 때가 있습니다. 반어법이라는 것인데 '싫으면 관둬!' '싫으면 먹지 마!' '너 혼나고 싶어!' 같은 말이니 이 말은 그것을 시행하라는 강력한 표현인 것입니다.

그런 말을 하는 당사자 입장에서 실행하지 않는 상대에 대한 답답함과 안타까움을 가득 담은 요청이기는 하지만 이런 반어법은 자주 사용할수록 그 효과가 반감하는 언어입니다. 그 말 속에 상대에 대한 실망과 분노가 함께하고 있기 때문입니다. 그러기에 그가 하는 말 속에 분노가 함께 있으면 듣는 상대는 그의 분노에 의해 어쩔 수 없이 시행을 하지만 그 내면에는 반감이 자리하게 되며 그 실행 역시 방어하는 자세로 하게 되고 또한 좋지 않은 감정을 갖게 되는 것이기도 합니다.

그러므로 상대의 마음을 살피면서 말하는 것이 좋습니다. "왜 그러니?" "무슨 문제 있니?" 하는 말로 상대의 마음을 편하게 해 주는 것입니다. 누구라도 자신을 이해해 준다는 것을 알면 한결 마음이 부드러워지게 되며 그럴 때에 상대의 마음을 살피면서 행동을 하게 되기 때문입니다. 자발적, 이것도 누구를 배려하는 마음에서 드러나는 자세입니다.

143. 물러나기

나이가 들면서 생각하는 것 하나가 한 걸음 뒤로 물러나기라는 것입니다. 일의 중심에서 변방으로 물러나 울타리 같은 존재의 위치에 서 줌으로써 새로운 기운이 활동할 수 있도록 도와주는 것, 이것은 은퇴라는 의미보다는 '제자리에 선다'라는 면에서 그렇습니다.

어느 어른께서 자신이 했던 일을 후배에게 물려 준 후에도 그 일에 대한 집착 때문에 아랫사람들을 힘들게 하고 귀찮게 하는 경우를 보았습니다. 그 어른의 입에는 늘 아랫사람들에 대한 걱정이 웅얼거리고 있고, 어느 곳에 있든 생각은 그곳에 가 있어서 한시도 마음이 편해 보이지 않았습니다.

그러기에 필자는 이제부터라도 한 걸음 물러서서 양팔을 벌려 보호막이 되고 미소로 응원하는 자리에 서려고 하는 것입니다. 그렇다고 필자가 꼭 해야 할 것을 피하려고 하는 것은 아닙니다. 적당한 때에 적당한 자리에서 작은 응원의 도구가 되고 힘이 되는 존재가 되려고 하는 마음뿐입니다.

144. 부족

세상 좋아졌다는 말은 어릴 적 들은 말입니다. 그런데 지금의 어른들도 그 말을 하고 있습니다. 보릿고개 시절의 어른들은 무엇이 좋아져서 그런 말씀하셨으며, 현재의 어른들은 무엇이 좋아지기에 이런 말을 하시는지, 생각해 보면 지난 시절이 지금보다 더 어려웠음은 확실합니다.

요즘 젊은이들이 부족하다 하는 것을 어른들은 이해하기 어렵습니다. 분명 그들이 살아온 시절에는 사용하거나 먹을 수 없던 수많은 것들이 현재의 삶 속에 넘쳐나고 있음을 눈으로 보고 있기 때문입니다.

풍요 속의 빈곤, 그것은 빈곤이 아니라 자신의 소유에 대한 불만이거나 다른 것을 소유하고 싶은 욕구일 것입니다. 살펴보면 내게 있음에도 더 발전된 것이 필요하다는 생각에 그런가 봅니다.

부족하다는 것이 발전의 이유가 되므로 그런 면에서 부족을 안다는 것은 장려할 일이지만, 부족이 불만이라면 그것은 우리가 제어해야 할 문제입니다. 인생은 본래가 언제, 어느 시기에서나 부족한 중에 그 부족을 채우거나 적당함으로 변화시키는 과정이기 때문입니다.

145. 어떻게

‘어떻게’라는 말에는 두 가지의 의미가 있습니다. 하나는 ‘그 시작이 무엇이었는가?’와 ‘앞으로 어떤 방향, 방식을 취할 것인가?’ 하는 것입니다. 어떻게 이런 일이 있게 되었으며 앞으로 어떻게 처리해 나갈 것인가? 하는 것. 곧 처음의 ‘어떻게’가 나중의 ‘이렇게’를 만드는 것입니다.

그러므로 ‘어떻게’ 앞에는 늘 이런 질문이 있어야 합니다. ‘왜?’라는 것입니다. ‘왜? 시작되었으며 왜? 그런 방식으로 진행해야 하는가?’는 매우 중요한 것입니다. ‘왜?’라는 물음은 ‘무엇 때문에?’라는 목적의식이 존재하고 그 목적의식에 의해 어렵고 힘들더라도 기어코 실행하고 도달해야 할 책임감을 부여하거나 또는 중단하거나 포기하는 결론을 내릴 수 있기 때문입니다.

그러므로 지금 내가 하는 일은 왜? 무엇 때문에 시작하게 되었으며 앞으로 ‘어떻게 진행하고 마칠 것인가?’를 깊이 생각할 때에 그 목적 달성을 위해 여러 가지 수단 방법과 진행 방향이 그려집니다. 여러 방법 중에서 자신이 감내할 수 있는 가장 적당한 방식으로 목적을 향한 걸음을 옮기게 되는 것입니다. 그 결과를 기대하면서 말입니다.

146. 소망

우리나라의 자살률이 높다고 합니다. 그렇게 삶의 현장을 떠나는 이유는 무엇일까요? 그것은 내일을 확증할 수 없는 현재의 상태가 보여주는 절망과 그에 따른 무력감 때문일 것입니다.

출산율이 세계 최하위라고 합니다. 그 역시 자녀를 낳아도 어떻게 양육할 것인지, 그 조건과 환경이 마땅하지 않을 뿐 아니라 그 자녀가 살아가야 할 다음 시대에 대한 불확실성 때문입니다. 곧 자녀의 미래가 지금보다 더 불안정하고 어쩌면 상상 이상의 곤란한 시대를 맞을 수 있다는 염려 때문이기도 할 것입니다.

기후 변화를 대하면서 더욱 그런 절망감이 우리를 옥죌 것입니다. 그리고 그런 절망감이 우리에게서 앗아가는 것이 소망이라는 것입니다. 소망이 생명의 활력소라고 말함은, 지금 어떤 형편이든지 내일은 그 문제가 해결 될 것이며 분명 좋아질 것이라는 기대가 되기 때문입니다.

'왜 살아야 하지?'와 '그래도 살아야 한다.'는 사람들, 자식이 재산이라고 하시던 어른들, 자식이 짐이라고 하시던 어른들, 그것은 소망이 있고 없음의 차이일 것입니다.

147. 일상

때로는 하루를 허투루 보냈다는 생각을 했었습니다. 오늘 무엇을 했나? 싶기도 하고, 살아있으니 살아가고 있다는 생각이 들기도 했습니다. 활동하는 모든 것에 무슨 유익이 있는가, 고민스러울 때도 있었습니다.

하지만 그것이 인생이며 삶이라는 것을 깨닫는 데 오랜 시간이 걸리지 않았습니다. 육십이 덜 되었던 때에 벗이 세상을 떠났다는 소식을 접하면서입니다. 어느 날 생각하지 못했던 상황이 일어난다면? 그것이 나에게 있는 일이라면, 하는 생각이 일상의 소중함을 알게 해 준 것입니다.

하루가 주는 작은 일상들, 반찬 투정 하고, 작은 것에 고집 부리고 원수 된 것처럼 말다툼하는 것과, 미워하는 것도, 사랑하는 것과 원하는 것을 하는 것만큼이나 소중한 삶의 가치인 것을 말입니다.

모든 것은 변함없이 제자리에 있는데 어느 날 갑자기 중요한 존재 하나가 사라지는 것, 그것은 아쉬움을 넘는 아픔이고 슬픔이 되어 남은 삶의 기억으로 자리하게 되는 것이니, 비록 아끼는 애완견 한 마리가 곁을 떠남으로 받는 슬픔도 그럴 것입니다. 그러므로 우리에게 가장 소중한 것은 '일상'이라는 삶입니다.

148. 틈새

틈새라는 말은 말 그대로 주어진 그 무엇에 있는 작은 틈을 말하는 것이니 틈새시장이라는 말도 그런 의미일 것입니다. 틈새를 찾아 제작한 상품이 성공하고 틈새를 이용해 하는 일들이 효과를 내기도 합니다.

어느 어른께서는 '놀면 뭐하나 죽어 썩어질 몸인데.' 하시면서 일을 찾아 하셨습니다. 본인의 몸을 아끼지 않으시니 그 어른은 잠시의 시간도 허투루 버리지 않으시겠다는 나름의 판단이셨을 것입니다.

틈새라는 말은 자투리라는 말과 사촌 정도가 될 것입니다. 자투리가 남는 것이라면 틈새는 있는 것 중에서 보지 못했던 작은 부분을 말하는 것이니 이런 틈새를 잘 사용하면 적지 않은 결과를 얻게 될 것입니다. 필자가 이렇게 소개하는 단상이 그 틈새의 시간을 이용해서 쓴 글이기 때문입니다.

틈새, 우리기 가장 지혜롭게 관리하고 사용해야 할 것이기에 그 틈새를 버리지 않는 것이 성공적인 삶을 살아가는데 큰 효과를 나타내게 할 것입니다.

149. 간식

쓰레기통에서 뜯지 않은 과자 봉지를 보았습니다. 누군가 버린 것인데, 아마 다른 이가 주는 것을 건네받기는 했지만 자신이 좋아하지 않는 것이므로 버린 것 같습니다.

쉽게 구하고 버릴 수 있는 것, 아깝다 하기 전에 자신의 기분에 따라 버림받는 먹을거리를 보면서 세상 좋아졌다는 말을 하는 것이 실수일 수 있겠으나 아낀다는 부분에서는 많이 아쉬운 일임은 확실합니다.

어릴 적, 간식이라는 말이 생소했던 시절의 간식은 지천에 있었습니다. 칡뿌리, 산딸기, 밤, 찔레 순, 싱아, 삘기 같은 것들이 있어서 허기진 배를 달래기도 하고 그것들을 얻기 위해 달음박질하기도 했으니 자연스럽게 운동을 겸할 수도 있습니다.

아! 알사탕과 엿이 그 시절 간식거리였지만 쉽게 얻을 수 있는 것은 아니었고, 결국 자연에서 얻는 것이 간식의 대부분이었던 시절, 강으로 다슬기 건지러 가며, 옥수수 대 껍질을 까고 씹어 단물을 삼켰던 시절, 그 시절로 돌아가서 자연이 주는 간식을 구하고 싶어지는 오늘입니다.

150. 푼수

푼수라는 말을 사전에서 찾아보면 '1. 얼마에 상당한 정도 또는 능력, 2 상태나 형편, 3 지능이 낮은 사람을 놀리어 이르는 말' 이라고 설명하고 있습니다. 그런데 우리는 대부분 3번의 의미로 쓰고 있습니다. 누군가를 놀리거나 얕잡아 볼 때나 자신보다 우습게 여길 때 쓰고 있습니다.

우리말은 같은 말이 다른 의미가 되는 경우가 많습니다. 필자의 두 번째 시집 《꼴값》도 그런 경우입니다. 그러나 상대의 푼수를 나의 기준으로 재단하면 안 됩니다. 어쩌면 그 자신으로서는 최선의 수고를 하고 있을 것이기 때문입니다. 이왕이면 푼수가 무엇에 이르는 상당한 능력이면 좋겠습니다. 자신의 푼수에 맞는 직업, 푼수에 맞는 생활환경, 푼수에 맞는 자세 등.

푼수를 잊고 사는 사람들에 의해서 나타나는 여러 문제들이 있습니다. 강원랜드 카지노가 있는 정선군 고한읍에 가보면 자신의 푼수에 맞지 않은 행위를 함으로 삶 전부를 잃어버린 이들의 모습을 볼 수가 있고, 그런 모습은 우리 주변에서도 만날 수 있는 일들입니다. 푼수에 어울리는, 그리고 그것으로 적당함을 누리며 생활하는 아름다움이 있기를 바랍니다.

151. 이런 절약

내가 아는 한 사람이 있습니다. 그가 식당에서 식사를 하는 자세를 보면 음식을 시킨 후 주어진 반찬을 고루 먹습니다. 그리고 반찬이 모자라면 그제야 자신이 더 먹고 싶은 반찬을 추가로 요청합니다. 먹지 않은 찬이 있을 때 굳이 다른 찬을 추가하지 않습니다.

그리고 식사 후, 사각 휴지는 한 장, 두루마리는 두 칸을 사용해서 입술을 한 번 닦은 후 물로 입을 헹구고 휴지를 반으로 접어 사용합니다. 그렇게 하면 여러 장을 쓰지 않아도 충분하다고 합니다. 젊어서부터 그렇게 해 왔다고 하는데 그가 이렇게 말했습니다. '우리 것이니 우리가 아껴야지.' 하기는 식당에서 추가 반찬을 요구하는 것이나 휴지를 여러 장 쓰는 것은 손님의 권리입니다. 그 시간만큼 그 자리는 그가 정당한 금액을 주고 그 식탁의 모든 것을 차용했기 때문입니다.

그러나 '나'가 아닌 '우리'라는 입장에서 본다면 그조차 절약해야 할 자산인 것입니다. 내가 아껴주므로 그가 작은 것에서 이익을 보는 것에 반대하는 입장이 아니라면, 할 수 있는 대로 우리의 모든 것들을 아끼고 절약하는 것은 필요한 자세입니다.

152. 터널

시간이 돈이라는 말은 '돈이 되는 시간을 만들라.'는 말처럼 들립니다. 모든 것이 바쁘기만 합니다. 심지어 놀이와 여행도 시간에 쫓기는 듯합니다. 시간 절약은 도로를 통해서 드러납니다. 고속도로, 전용도로 등과 터널 같은 방식으로 우리의 시간을 절약하도록 하고 있습니다.

곳곳에 터널이 만들어 졌습니다. 고속열차를 타보면 굴, 굴, 굴 하다가 도착합니다. 저는 고속열차를 타지 않는데 그것은 빠른 것만큼이나 얻어야 할 것을 포기하는 것이 싫어서입니다. 곧 풍경입니다. 옛 한계령을 넘고 옛 비포장도로를 찾고, 지방으로 가면 가능한 옛 길을 찾아 그 길을 이용합니다. 그곳에 있는 시절의 이야기를 듣고 싶어서입니다.

시간이 압축파일이 된 것 같습니다. 언제 풀어볼지 모르는 압축파일에 담긴 추억, 그 이야기들은 언제 다시 보려는지요. 빨리 빨리하는 고속 성장의 후유증이 우리의 습관을 그리 만든 것 같아 아쉽습니다. 게으름은 탈피해야 할 잘못된 것이지만, 천천히는 여유로움인데, 부지런과 빠름으로 우리가 잃어버리는 것은 여유로움이 주는 추억과 아름다운 꿈입니다.

153. 잠과 죽음

어떤 이는 아침에 일어나서 말합니다. “오늘도 살아났다!” 어떤 이는 잠이란 죽음의 연습이라고 말합니다. 죽음! 생각하면 끔찍하고 서글픈 말입니다. 그러나 다시 생각해 보면 이렇습니다.

태아의 십 개월, 태아의 전 생애입니다. 그 태아는 다음 생을 예측하지 못합니다. 따라서 태의 잘림이란 아기에게는 죽음입니다. 그러나 그 죽음은 다음 생의 시작이기 때문에 우리는 탄생이라 말합니다. 곧 태중의 일생이 태의 잘림과 동시에 죽임을 받고 동시에 새로운 삶을 소유하는 것입니다.

그런데 우리의 죽음도 그와 같지 않을까 생각해봅니다. 죽음이 다음 생의 시작이며 저 세상의 생일이 된다는 사실. 그럼에도 우리는 다음 세상을 예측할 수 없으므로 두려워하고 있다는 것입니다. 신앙본능, 아니 우리에게 신앙이 필요한 이유가 바로 다음 생에 대한 확증이나 신뢰이며, 더불어 이생에서 성실하게 살며 다음 생을 준비하는 것이 죽음을 준비하는 필수조건이기 때문인 것입니다.

*누에가 세상의 끝이라고 말하는 것을 우리는 나비라고 부릅니다.
*필자는 어머니 장례식에서 ‘이사하시는 날’이라는 시를 낭송했습니다.